D1603756

Los 7 preceptos de Noé

Si este libro le ha interesado y desea que le mantengamos informado
de nuestras publicaciones, escríbanos indicándonos qué temas son de su interés
(Astrología, Autoayuda, Ciencias Ocultas, Artes Marciales, Naturismo,
Espiritualidad, Tradición…) y gustosamente le complaceremos.

Puede consultar nuestro catálogo en www.edicionesobelisco.com

Colección Cábala y Judaísmo
Los 7 preceptos de Noé
Aharón Shlezinger

1.ª edición: septiembre de 2018

Maquetación: *Compaginem S. L.*
Corrección: *Sara Moreno*
Diseño de cubierta: *Enrique Iborra*

© 2018, Aharón Shlezinger
(Reservados todos los derechos)
© 2018, Ediciones Obelisco, S. L.
(Reservados los derechos para la presente edición)

Edita: Ediciones Obelisco, S. L.
Collita, 23-25. Pol. Ind. Molí de la Bastida
08191 Rubí - Barcelona - España
Tel. 93 309 85 25 - Fax 93 309 85 23
E-mail: info@edicionesobelisco.com

ISBN: 978-84-9111-381-2
Depósito Legal: B-18.389-2018

Printed in Spain

Impreso en España en los talleres gráficos de Romanyà/Valls S. A.
Verdaguer, 1 - 08786 Capellades (Barcelona)

Aharón Shlezinger

Los 7 preceptos de Noé

EDICIONES OBELISCO

PRÓLOGO

Los 7 preceptos de Noé son los mandamientos entregados por Dios a toda la humanidad. A través de ellos, cualquier persona que no pertenezca al pueblo de Israel puede alcanzar un grado supremo y heredar el mundo venidero. Pero para cumplirlos apropiadamente es necesario conocer las bases y también los pormenores.

Estos preceptos son esenciales para vincularse apropiadamente con Dios y también con las demás personas. Además de cuestiones espirituales contienen normas sociales, reglas de conducta, ética y moral y todo lo necesario para que toda la población pueda vivir en armonía y coherencia, con reglas justas y derechos ecuánimes.

EL ALCANCE DE LAS NORMAS

Existen datos históricos que revelan la magnitud y el alcance de estos preceptos. Por ejemplo, la academia de Shem y Eber.[1] En esa institución se estudiaban los 7 preceptos de Noé en forma meticulosa. También había allí un tribunal, y, asimismo,

---

1.   Shem era el hijo de Noé, y Eber, un descendiente suyo.

se atendía y orientaba a las personas que iban en busca de la palabra de Dios.

Por ejemplo, tenemos el caso de Rebeca, la esposa de Isaac, que fue a preguntar a la academia de Shem acerca de su embarazo, que era muy extraño, como está escrito: «Y éstas son las crónicas de Isaac, hijo de Abraham; Abraham engendró a Isaac. E Isaac era de cuarenta años cuando tomó para él por mujer a Rebeca, hija de Betuel, el arameo, de Padán Aram, hermana de Labán el arameo. E Isaac imploró ante el Eterno frente a su mujer, pues ella era estéril; y el Eterno aceptó su plegaria y su mujer Rebeca concibió. Y los hijos reñían en sus entrañas y ella dijo: "Siendo así, ¿por qué me ocurre esto?". Y fue a consultar al Eterno. Y el Eterno le dijo: "Hay dos pueblos en tu vientre, y dos naciones se separarán de tus entrañas; y una nación prevalecerá sobre la otra, y la mayor servirá a la menor"» (Génesis 25, 19-23).

Si tanto Rebeca como Isaac sabían rezar y confiaban en que esa plegaria llegaba al Eterno, tal como se desprende de lo revelado en los versículos, y el Eterno atendió su plegaria y a raíz de eso ella quedó preñada, siendo así, cuando vio algo extraño en su embarazo, ¿por qué no oró a Dios? ¿Por qué fue a consultar al Eterno y dónde fue a consultarlo?

El sabio Yonatan Ben Uziel escribió en su traducción del versículo al arameo: «Fue a la academia de Shem». Y el exégeta Rashi también escribió en su explicación al versículo que fue a la academia de Shem. Y respecto a la razón por la que ella fue, el sabio Yonatan Ben Uziel dijo que lo hizo para solicitar clemencia ente el Eterno; y Rashi agregó: «Para que le dijera lo que finalmente ocurría con ella».

Se observa que en la academia de Shem y Eber se esclarecían los asuntos de las personas, se asistía y también tenían poder de profecía.

UNA GRAN INSTITUCIÓN

Otra evidencia de la magnitud de esa gran institución de los descendientes de Noé la hallamos en el Talmud, pues fue estudiado: «El patriarca Jacob estuvo oculto en la casa de estudios de Eber catorce años» (Talmud, tratado de Meguilá 16b).

Los sabios enseñaron que estuvo estudiando en esa academia durante catorce años, y si lo hizo durante tanto tiempo, se deduce que el estudio era muy amplio. Resulta, pues, que los preceptos de Noé contienen mucha información.

LA RECOPILACIÓN DE LA INFORMACIÓN

Los sabios talmudistas se ocuparon de recopilar esos conocimientos. Por eso, en la actualidad disponemos de abundancia de datos que nos permite conocer muchos detalles de los preceptos de Noé.

En esta obra proponemos una recopilación de esas enseñanzas así como estudios de los grandes sabios de la época postalmúdica, denominados *rishonim,* y también de los sabios posteriores denominados *gueonim.* Asimismo, mencionaremos enseñanzas de los exégetas que vivieron en una época posterior, para comprender la base estructural y los pormenores relevantes de los 7 preceptos de Noé. También incluiremos acontecimientos y narraciones de los grandes maestros que a lo largo de la historia enseñaron los 7 preceptos.

I. LOS PRIMEROS MAESTROS

Comenzaremos mencionando los primeros maestros que enseñaron los preceptos universales y algunos hechos destacados. Después, nos abocaremos de lleno a analizar y esclarecer los 7 preceptos.

LA OBRA DE JANOJ

Janoj fue un gran maestro de la humanidad y una persona destacada en el servicio a Dios. Dios lo hizo ascender a las alturas celestiales, como está escrito: «Y vivió Janoj sesenta y cinco años, y engendró a Matusalén. Y después de engendrar a Matusalén, Janoj anduvo con Dios trescientos años; y engendró hijos e hijas. Y todos los días de Janoj fueron trescientos sesenta y cinco años. Y Janoj anduvo con Dios, y no estuvo más –en el mundo–,[2] pues Dios lo tomó –lo hizo ascender a las alturas celestiales–»[3] (Génesis 5, 21-24).

En el Midrash está dicho acerca de él que siendo de sesenta y cinco años engendró a Matusalén, y después de haber en-

---

2. Véase traducción de Yonatan Ben Uziel.
3. *Ibid.*

gendrado a Matusalén anduvo con Dios. Y sirvió al Eterno y rechazó los malos caminos de las personas. Y el alma de Janoj se apegó al aleccionamiento del Eterno, y al conocimiento y al entendimiento, y conoció los caminos del Eterno.

Y con su sabiduría se apartó de las personas y se ocultó de la gente durante muchos días. Apartado, servía al Eterno y oraba ante él. E hizo eso durante mucho tiempo, hasta que se le apareció un ángel celestial y le dijo que saliera de su casa y del lugar donde se ocultaba para ser rey –dirigente espiritual–[4] sobre todos los hombres, y que les enseñara el camino por el cual han de ir y la obra que deben hacer para andar por los caminos del Eterno.

LA TRANSMISIÓN

Después de oír esas palabras, Janoj se levantó y salió del cuarto donde se hallaba apartado, de su casa y de su lugar, conforme a la palabra del Eterno –que le transmitió el ángel–, y se dirigió a las personas y les enseñó el camino del Eterno. Y reunió a la gente y les enseñaba la doctrina del Eterno. Y ordenó que se hiciera correr la voz en todos los lugares diciendo: «Aquel hombre que desea conocer los caminos del Eterno y la buena obra, venga a Janoj». Y todos los que lo deseaban se reunieron con él.

Así pues, Janoj reinaba sobre las personas por la palabra del Eterno, y venían y se prosternaban a él a tierra y todos juntos oían sus palabras. Y el espíritu de Dios estaba sobre Janoj y enseñaba a todas las personas sabiduría de Dios y sus caminos. Y las personas sirvieron al Eterno todos los días de Janoj y venían

---

4. Esta expresión se utiliza para denominar al dirigente principal espiritual de una academia, o de una comunidad entera, o de todo el pueblo (véase Talmud, tratado de Berajot 64a; y véase Ben Iehoiada a Berajot 28a).

a escuchar su sabiduría. Y también todos los reyes, los primeros y los últimos, y los ministros y los jueces vinieron a Janoj al oír su sabiduría, y se prosternaban a él a tierra.

Y también solicitaron a Janoj que reinara sobre ellos y los guiara en ese asunto. Y se reunieron todos, como ciento treinta reyes y ministros, e hicieron reinar a Janoj sobre ellos. Y estaban todos bajo su instrucción y bajo –la orientación de– sus palabras. Y Janoj les enseñó entendimiento y sabiduría y el camino del Eterno. E hizo que hubiera paz entre todos. Y en los días de Janoj hubo paz en toda la tierra. Y Janoj reinó sobre todos durante doscientos cuarenta y tres años y hacía juicio y caridad con todo su pueblo y los conducía por los caminos del Eterno.[5]

LAS ENSEÑANZAS DE MATUSALÉN

Matusalén fue otro gran maestro de la humanidad, tal como se enseña en el Midrash: Janoj ascendió al Cielo cuando Lemej, hijo de Matusalén, tenía ciento trece años. Y ocurrió que cuando Janoj ascendió al Cielo, todos los reyes de la tierra se levantaron y tomaron a Matusalén, su hijo, y lo ungieron para que fuera rey sobre ellos en lugar de su padre. Y Matusalén hizo lo recto ante los ojos del Eterno, conforme a todo lo que le había enseñado su padre, Janoj. Y también él enseñó a las personas sabiduría y entendimiento y el temor al Eterno, todos sus días, y no se apartó del buen camino a diestra ni a siniestra.

Pero en el final de los días de Matusalén, las personas se apartaron del Eterno y corrompieron la tierra. Y las personas se robaban y hurtaban entre ellas. Y se rebelaron contra Dios y delinquieron y pervirtieron sus caminos. Y no quisieron escuchar la voz de Matusalén y se rebelaron contra él.

---

5. Sefer Haiashar.

El Eterno se enojó mucho con ellos y estropeó la semilla, y no había siembra ni cosecha en la tierra. Y sucedía que cuando sembraban la tierra para obtener alimento, lo que les crecía eran cardos y espinos que no habían sembrado. Aun así, las personas no se volvieron de sus malos caminos; y no sólo eso, sino que la mano de ellos estaba extendida para hacer el mal ante los ojos del Eterno. Y el Eterno se enojó mucho y reconsideró el asunto de haber hecho al hombre, y dijo que los destruiría y eliminaría de sobre la faz de la tierra.

En aquellos días, siendo Lemej, hijo de Matusalén, de ciento sesenta y ocho años, murió Shet, hijo de Adán. Y todos los días de la vida de Shet fueron novecientos doce años, y murió. Y siendo Lemej de ciento ochenta y un años, tomó a Ashmua, hija de Elishua, hijo de Janoj, su tío, por mujer. Y quedó preñada de él. Y en aquellos días las personas sembraron la tierra y hallaron un poco de alimento en la tierra. Sin embargo, no se volvieron de su mal camino y delinquieron y se rebelaron en la tierra.

EL NIETO DE MATUSALÉN

En aquel tiempo, a la mujer de Lemej le nació un hijo. Y Matusalén lo llamó Noaj –Noé– diciendo: «Se aplacará –*naja*– la tierra y cesará de arruinar en sus días». Y su padre Lemej lo llamó Menajem, diciendo: «Éste nos consolará –*ienajameinu*– de nuestras acciones y de la aflicción de nuestras manos, por la tierra que fue maldecida por el Eterno».

El niño creció y se desarrolló y anduvo en los caminos de su padre, Matusalén.[6] Y era recto e íntegro con el Eterno. Y todas las personas se habían apartado de los caminos del Eterno en

---

6. Noé anduvo en los caminos de Matusalén, que era el padre de su padre Lemej.

aquellos días, al multiplicarse sobre la faz de la tierra con hijos e hijas. Y las personas enseñaban a su prójimo los malos caminos, y seguían yendo con iniquidad contra el Eterno. Y cada uno se hizo una imagen idolátrica, y robaban y hurtaban; y cada uno despojaba a su prójimo y a sus parientes cercanos, y arruinaron la tierra, y la tierra se llenó de rapiña.

Y sus jueces y policías fueron a las mujeres de los hombres y tomaron para ellos por la fuerza de todo lo que eligieron, incluso quitando las mujeres a sus maridos. Y también, en aquellos días, tomaron de los animales de la tierra y de las bestias del campo, y de las aves de los Cielos, y les enseñaban a unirse una especie con otra especie para irritar al Eterno con eso. Y Dios vio que toda la tierra estaba corrupta, pues toda carne había corrompido su camino,[7] todo hombre y todo animal. Y dijo el Eterno: «Disolveré al hombre que he creado de sobre la faz de la tierra, desde el hombre hasta el animal, hasta el reptil y hasta el ave de los Cielos; pues he reconsiderado haberlos hecho. Y Noé halló gracia en los ojos del Eterno» (Génesis 6, 7-8). Y el Eterno lo eligió a él y a sus hijos para hacer vivir de ellos la simiente sobre la faz de toda la tierra.

Después, el Eterno dijo a Noé y a Matusalén: «Hablad y clamad a los hijos de los hombres diciendo: "Así ha dicho el Eterno: volveos de vuestros malos caminos y abandonad lo que hacéis y el Eterno se retractará del mal que habló haceros en la tierra, y tal cosa no ocurrirá. Pues así dijo el Eterno: he aquí que os doy por plazo ciento veinte años. Si os volvéis a mí y abandonáis vuestros malos caminos, también yo me volveré del mal acerca del cual os he hablado y no se levantará, dijo el Eterno"». Y Noé y Matusalén madrugaban y decían todas las pala-

---

7. Como está escrito: «Y Dios observó la tierra y he aquí que estaba corrompida, ya que toda la carne había corrompido su camino sobre la tierra» (Génesis 6, 9).

bras del Eterno a todos los hombres cada día, todos esos años. Y los hombres no oyeron lo que decían, y no inclinaron sus oídos a sus palabras y endurecieron su cerviz (Sefer Haiashar).

LA GENERACIÓN DEL DILUVIO

Debido a que los hombres no escucharon a Noé ni a Matusalén, el Diluvio arrasó la tierra, como está escrito: «En el año del sexcentésimo año de la vida de Noé, en el mes segundo, el diecisiete del mes, en ese día, se rompieron todas las fuentes del gran abismo y se abrieron las ventanas de los Cielos. Y hubo lluvia sobre la tierra cuarenta días y cuarenta noches. En ese mismo día, vinieron al arca Noé, y Shem, Jam y Iefet, los hijos de Noé, la mujer de Noé, y las tres mujeres de sus hijos con ellos. Ellos y todo animal salvaje según su especie, y todo animal domesticable según su especie, y todo ser que repta sobre la tierra según su especie y toda ave según su especie, y todo pájaro y todo alado […]. Y hubo diluvio sobre la tierra cuarenta días; y las aguas aumentaron y levantaron el arca, y se elevó por encima de la tierra. Y las aguas se fortificaron y aumentaron en gran manera sobre la tierra, y el arca flotaba sobre la superficie de las aguas. Y las aguas se fortificaron mucho, mucho, sobre la tierra, y todas las montañas altas que estaban bajo todos los Cielos fueron cubiertas. Las aguas crecieron quince codos hacia arriba, y se cubrieron las montañas. Y feneció toda carne que se mueve sobre la tierra, de las aves, de los animales domesticables, de los animales salvajes, y de todos los seres que reptan sobre la tierra, y toda persona. Todo lo que tenía aliento de espíritu de vida en sus fosas nasales de todo lo que había en la tierra, murió. Y se disolvió todo lo que había sobre la faz de la tierra, desde el hombre hasta el animal, hasta el reptil y hasta el ave de los Cielos, y fueron borrados de la tierra; y quedó únicamente Noé y los que estaban con él en el Arca» (Génesis 7, 11-23).

Cuando terminó el Diluvio, y las personas volvieron a poblar la tierra, los grandes maestros de la humanidad fueron Noé y su hijo Shem. Y también Abraham, que fue a casa de Shem y Noé a estudiar la palabra del Eterno y sus caminos. Y estuvo allí aprendiendo durante treinta y nueve años.[8]

LA OBRA DE EBER

Otro gran maestro de la humanidad fue el bisnieto de Shem, Eber. Pero el espíritu de rebeldía de los hombres aún ardía, como está escrito: «Y a Eber le nacieron dos hijos; el nombre del primero era Peleg, porque en sus días se dividió la tierra; y el nombre de su hermano era Yaktan» (Génesis 10, 25).

De este versículo se aprende que Eber era profeta, porque puso a su hijo un nombre vinculado con lo que ocurriría en el futuro. Y lo que se mencionó: «En sus días se dividió –*niplega*– la tierra», se refiere a la confusión de las lenguas y el esparcido del valle, y su división por todo el mundo (Rashi).

A esto se refiere lo que está escrito: «Y toda la tierra tenía una sola lengua y las mismas palabras. Y aconteció cuando se desplazaron del Oriente, que hallaron un valle en la tierra de Shinar, y se asentaron allí. Y un hombre decía a su compañero: "Vamos, preparemos ladrillos y quemémoslos al fuego"; y el ladrillo les era por piedra, y el barro por material. Y dijeron: "Vamos, construyámonos una ciudad y una torre cuya cúspide esté en los Cielos, y hagámonos un nombre, para que no seamos dispersados por toda la faz de la tierra". Y el Eterno descendió para ver la ciudad y la torre que habían construido los hijos del

---

8. Sefer Haiashar.

hombre. Y dijo el Eterno:[9] "He aquí que ellos son un pueblo y tienen una lengua para todos, y esto han comenzado a hacer; y ahora, ¿no se les ha de impedir todo lo que han planeado hacer? Vamos, descendamos y confundamos allí su lenguaje, para que un hombre no entienda la lengua de su compañero". Y el Eterno los esparció de allí sobre la faz de toda la tierra; y desistieron de construir la ciudad. Por eso llamó su nombre Babel, porque allí el Eterno confundió –balal– el lenguaje de toda la tierra, y desde allí el Eterno los dispersó por sobre toda la faz de la tierra» (Génesis 11, 1-9).

Después, Abraham, estando ya preparado para orientar a las personas, se convirtió en el guía espiritual de millares que bebían con sed sus palabras y enseñanzas. A esto se refiere lo que está escrito: «Y tomó Abram a su mujer Sarai y a Lot, el hijo de su hermano, y todas las posesiones que habían adquirido, y las almas que hicieron en Jarán; y salieron para ir a la tierra de Canaán y llegaron a la tierra de Canaán» (Génesis 12, 5).

LA CONVERSIÓN DE LAS ALMAS

¿Qué significa: «Las almas que hicieron en Jarán»? Onkelus escribió esto en su traducción al arameo: «Y las almas que acercaron a la Torá en Jarán» (véase Sanhedrín 97a, Rashi).

Yonatan Ben Uziel dijo: «Y las almas que convirtieron en Jarán».

Rashi explicó: «Los hicieron entrar bajo las alas de la Providencia Divina. Abraham convertía a los hombres y Sarai convertía a las mujeres, y en el versículo se les considera como si los hubieran hecho».

---

9. A setenta ángeles servidores (Sefer Haiashar).

II. EL ORIGEN DE LOS PRECEPTOS

Ahora expondremos la historia de los 7 preceptos de Noé: Dios creó el mundo con todos sus componentes y después al hombre, como está escrito: «En el comienzo creó Dios a los Cielos y a la Tierra […]». Y a continuación está escrito: «Y dijo Dios: "Hagamos al hombre con nuestra imagen y con nuestra semejanza; y señoreen sobre los peces del mar, las aves de los Cielos, y sobre los animales, y sobre toda la Tierra, y sobre todos los reptiles que se desplazan sobre la Tierra". Y creó Dios al hombre con su imagen, con la imagen de Dios lo creó; varón y mujer los creó» (Génesis 1, 1-27).

El objetivo del mundo era el hombre, como consta en el Midrash: la primera letra del alfabeto es *alef,* y la última *tav.* ¿Qué enseña? *Alef* es la inicial de Adán –el primer hombre–, y *tav* es la inicial de *tejilat,* que significa «objetivo». Se aprende que el hombre fue el objetivo de la creación del mundo (Midrash Otiot de rabí Akiva). Y el hombre recibió instrucciones para vivir en el mundo fiel a la palabra de Dios y disfrutar de todo lo que él había creado para que lo aprovechara.

A esto se refiere lo que está escrito: «Y fueron acabados los Cielos y la Tierra, y todas sus legiones. Y acabó Dios en el día séptimo la obra que hizo, y en el día séptimo descansó de toda su obra que había hecho. Y bendijo Dios al día séptimo y lo santificó, porque en él descansó de toda su obra que creó Dios para hacer. Éstas son las crónicas de los Cielos y la Tierra cuando fueron creados, el día que el Eterno Dios hizo Tierra y Cielos. Y todo arbusto del campo antes de que estuviese en la Tierra y todo vegetal del campo antes de que brotara, porque el Eterno Dios no había hecho llover sobre la Tierra y no había hombre para trabajar la Tierra. Y un vapor ascendía de la Tierra y regaba toda la superficie del suelo. Y el Eterno Dios formó al hombre de polvo de la Tierra y le exhaló en sus fosas nasales un alma de vida; y el hombre fue un ser con alma de vida. Y el Eterno Dios plantó un jardín en el Edén, al Oriente, y puso allí al hombre que había formado. Y el Eterno Dios hizo surgir de la tierra todo árbol agradable a la vista y bueno para alimento; y al Árbol de la Vida, en medio del jardín, y al Árbol del Conocimiento del Bien y del Mal. Y del Edén sale un río para regar el jardín, y de allí se divide y se convierte en cuatro afluentes. El nombre del primero es Pishón, el que rodea toda la tierra de Javila, donde se encuentra el oro. El oro de esa tierra es bueno; allí hay cristal y piedra de berilo. El nombre del segundo río es Gijón, el que rodea toda la tierra de Kush. El nombre del tercer río es Tigris, el que fluye hacia el este de Asiria; y el cuarto río es el Éufrates. El Eterno Dios tomó al hombre y lo puso en el jardín del Edén, para que lo trabajara y lo guardara. Y el Eterno Dios ordenó al hombre, diciendo: "Ciertamente comerás de todo árbol del jardín. Mas del Árbol del Conocimiento del Bien y del Mal, no comerás de él; pues el día que de él comieres, ciertamente morirás"» (Génesis 2, 1-17).

EL PRIMER MANDAMIENTO

Éste fue el primer precepto que Dios ordenó al hombre. Y éste vivía plácidamente en el jardín del Edén, como fue enseñado:

dijo rabí Yehuda hijo de Betera: «Adán, el primer hombre, estaba en el jardín del Edén y ángeles servidores acudían a atenderlo; preparaban para él carne asada y le servían vino» (Avot de rabí Natán 1, 8).

Después, Dios le creó una compañera idónea, como está escrito: «Y el Eterno Dios construyó con el costado que tomó del hombre una mujer y la trajo al hombre. Y el hombre dijo: "Ésta es ahora hueso de mis huesos y carne de mi carne; ésta será llamada mujer –ishá–, porque del hombre –ish– fue tomada". Por lo tanto, el hombre dejará a su padre y a su madre, y se apegará a su mujer y serán una sola carne» (Génesis 2, 22-24).

EL COMIENZO DEL TRABAJO

La vida de Adán y Eva en el jardín del Edén era magnífica. Pero su dicha fue efímera ya que al poco tiempo infringieron el precepto que Dios les había otorgado, como está escrito: «Y vio la mujer que el árbol era bueno para comer, y era deleitable para los ojos, y árbol preciado para alcanzar la sabiduría, y ella tomó de su fruto y comió; y dio también a su marido con ella, y él comió» (Génesis 3, 6).

A raíz de esa falta, el hombre y la mujer fueron expulsados del jardín del Edén, como está escrito: «Y lo envió el Eterno Dios del jardín del Edén, para que trabajara la tierra de la cual fue tomado» (Génesis 3, 23).

Después Dios le prohibió a Adán comer carne y le ordenó otros seis preceptos, que son la base de los 7 preceptos de Noé. Pero éstos no se denominan: los 7 preceptos de Adán, tal como sería apropiado. ¿Cuál es la razón? Porque después le fue permitido a Noé comer carne –y cumplir el precepto vinculado con ella–, como está escrito: «Todo ser que se mueve y vive os será por alimento; como las verdes hierbas, os he dado todo» (Génesis 9, 3). Y, además, el precepto de no comer del Árbol del Conocimiento del Bien y del Mal no fue ordenado a Noé. Por eso, Noé fue el primero a quien fue ordenado cumplir 7 preceptos, y por eso son llamados con su nombre: los 7 preceptos de Noé.[10]

ENUMERACIÓN DE LOS 7 PRECEPTOS

Los 7 preceptos fueron mencionados en el Talmud: juicios, maldecir a Dios, idolatría, relaciones prohibidas, derramar sangre, robar, comer partes de un animal mientras está vivo –arrancar una parte y comer– (Talmud, tratado de Sanhedrín 56a).

Rabí Iojanán mencionó la fuente bíblica de estos preceptos: está escrito: «Y el Eterno Dios ordenó al hombre, diciendo: "Ciertamente comerás de todo árbol del jardín"» (Génesis 2, 16). Lo que está escrito: «Ordenó», se refiere a los juicios. Y asimismo está escrito: «Porque yo sé que ordenará a sus hijos, y a su casa después de él, que guarden el camino del Eterno, haciendo justicia y juicio, para que El Eterno haga venir sobre Abraham lo que le había hablado"» (Génesis 18, 19).

Lo que está escrito: «El Eterno»,[11] se refiere a la prohibición de blasfemar el Nombre. Y asimismo está escrito: «Y a quien blasfemare el Nombre del Eterno ciertamente se le dará muerte» (Levítico 24, 16).

Lo que está escrito: «Dios –E"lohim–»,[12] se refiere a la prohibición de la idolatría. Y asimismo está escrito: «No tendrás otros dioses –*elohim*– ante mi Presencia» (Éxodo 20, 3).

---

10. Véase Ben Iehoiada Sanhedrín 56a; y véase Tosafot Sanhedrín 56b.
11. Génesis 2, 16.
12. *Ibid.*

Lo que está escrito: «Al hombre»,[13] se refiere a la prohibición de derramar sangre. Y asimismo está escrito: «Aquel que derramare sangre del hombre, por el hombre se derramará su sangre; porque con la imagen de Dios hizo al hombre» (Génesis 9, 6).

Lo que está escrito: «Diciendo»,[14] se refiere a las relaciones prohibidas. Y asimismo está escrito: «Diciendo: si un hombre enviare a su mujer –divorciándose de ella–, y se fuere de él, y fuere –y se casare– con otro hombre, ¿acaso volverá con ella –si su segundo marido muriere, o se divorciare–? ¿Acaso no será tal tierra culpabilizada? Y tú has fornicado con muchos compañeros; mas ¡vuélvete a mí!, dice el Eterno» (Jeremías 3, 1).

Lo que está escrito: «De todo árbol del jardín»[15] –especifica sólo eso, lo que le fue dado, y no otra cosa, por lo tanto–, se refiere a la prohibición de robar.

Lo que está escrito: «Ciertamente comerás»[16] –especifica sólo lo que es apropiado comer, y no otra cosa, por lo tanto–, se refiere a la prohibición de no comer de un miembro tomado de un animal mientras estaba vivo (Talmud, tratado de Sanhedrín 56a y b).

Se observa que a Adán le fueron ordenados nueve preceptos.[17] Los siete aquí mencionados, además del precepto de no comer del Árbol del Conocimiento del Bien y del Mal, y la prohibición de comer carne después de ser expulsado del jardín del Edén. (Y por eso no podía cumplir el precepto de abstenerse de comer de un miembro tomado de un animal mientras estaba vivo).

Y sobre esa base, Maimónides estableció: sobre seis cosas fue ordenado Adán, el primer hombre:

---

13. *Ibid.*
14. *Ibid.*
15. *Ibid.*
16. *Ibid.*
17. Ben Iehoiada Sanhedrín 56a.

- Idolatría.
- No maldecir a Dios.
- No derramar sangre.
- No mantener relaciones prohibidas.
- No robar.
- Juicios (Maimónides leyes de reyes 9, 1).

A Noé le fue agregado:

- No comer partes de un animal mientras está vivo –arrancar una parte y comer– (Maimónides, leyes de reyes 9, 5).

III. EL CONTENIDO
DE LOS 7 PRECEPTOS

Ya hemos visto la base de los 7 preceptos de Noé. Y ése es el primer paso para poder entenderlos y saber cómo aplicarlos. Pues hay muchos detalles importantes que se deben conocer.

A continuación, observaremos otra cita talmúdica que aparece en el mismo tratado, en el mismo folio, y nos abrirá el tema en forma extraordinaria. Fue enseñado: «La academia de Menashe saca –del listado de los 7 preceptos– maldecir a Dios y juicios, e introduce castrado y realizar mezclas. Pues en la academia de Menashe se estudió: a los descendientes de Noé les fueron ordenados 7 preceptos: idolatría, relaciones prohibidas, derramar sangre, robar, comer partes de un animal mientras está vivo, castrado, y realizar mezclas» (Talmud, tratado de Sanhedrín 56b).

EL ESTUDIO DE LA ACADEMIA DE MENASHE

A continuación, se mencionan en el Talmud las fuentes bíblicas de las cuales se dedujo en la academia de Menashe los 7 preceptos de Noé:

Idolatría y no mantener relaciones prohibidas, se aprende de lo que está escrito: «Y la tierra se corrompió delante de Dios» (Génesis 6, 11). Y la academia de rabí Ishmael estudió: en todo lugar en que está dicho corrupción –*ashjata*–, no se refiere sino a desnudez e idolatría. Desnudez, como está escrito: «Ya que toda la carne había corrompido su camino sobre la tierra» (Génesis 6, 12).[18] Idolatría, como está escrito: «Por si os corrompiereis e hiciereis para vosotros escultura, semejanza de cualquier forma, efigie de hombre o mujer» (Deuteronomio 4, 16).

Derramado de sangre, como está escrito: «Aquel que derramare sangre del hombre, por el hombre se derramará su sangre; porque con la imagen de Dios hizo al hombre» (Génesis 9, 6).

Robo, como está escrito: «Todo ser que se mueve y vive os será por alimento; como las verdes hierbas, os he dado todo» (Génesis 9, 3). Y dijo Rav Levi: «Como las verdes hierbas» –que crecen solas–, y no como las hierbas de huerto –que fueron plantadas por otros.

No comer partes de un animal mientras está vivo, como está escrito: «Mas de carne con su alma, su sangre, no comeréis» (Génesis 9, 4).

Castrado, como está escrito: «Y vosotros, fructificaos y multiplicaos; reproducíos en la tierra y multiplicaos en ella» (Génesis 9, 7).

Mezclas, como está escrito: «Del ave según sus especies» (Génesis 6, 20)[19] –se aprende que se permite unir al ave sólo con su especie.

---

18. Éste es el versículo completo: «Y Dios observó la Tierra y he aquí que estaba corrompida, ya que toda la carne había corrompido su camino sobre la Tierra» (Génesis 6, 12).

19. Éste es el versículo completo: «Del ave según sus especies, y del animal –cada uno– según su especie, de todo lo que repta sobre la tierra según sus especies, dos de todos vendrán hacia ti para que vivan» (Génesis 6, 20).

EL INCISO ADICIONAL

Se aprecia que la academia de Menashe tiene pruebas contundentes para avalar los 7 preceptos citados. Y también los sabios, respecto de los 7 preceptos mencionados por ellos, que citamos anteriormente. Por lo tanto, todos merecen consideración. Y si observamos la enciclopedia de Maimónides, hallamos que después de enumerar los 7 preceptos mencionados, declara: «Son 7 preceptos». Y más adelante agrega: «Fue recibido por tradición que los hijos de Noé tienen prohibido realizar mezclas con animales y también mezclar árboles solamente»[20] (Maimónides leyes de reyes 10, 6).

EL ENIGMA DEL NÚMERO SIETE

¿Por qué Maimónides no dijo que eran ocho preceptos, o más, sino siete, y después añade a estos siete? ¿Y por qué en el Talmud se menciona explícitamente que son siete, aunque hay sabios que consideran otros preceptos dentro de esa cantidad? ¿Qué tiene de especial el número siete?

La respuesta es ésta: para que a través de ellos –las personas– puedan habitar y existir en este mundo en el cual hay siete climas,[21] como es sabido.

Asimismo, en correspondencia con los siete reyes que fueron quebrados.[22]

---

20. Más adelante se explicará a qué se refiere la expresión «solamente».
21. Los sabios explicaron que esa declaración también tiene relación con los continentes.
22. Respecto a los siete reyes mencionados, se refiere a los siete reyes mencionados en la cita que manifiesta: «Y éstos son los reyes que reinaron en la tierra de Edom antes de que reinara un rey sobre los Hijos de Israel. Y reinó en Edom, Bela, hijo de Beor, y el nombre de su ciudad era Dinhava.

Asimismo, para ser resguardados de los siete poderes de la impureza del Mal Instinto en correspondencia con los siete nombres que éste tiene, para que no los pierda completamente con las siete impurezas de él y sean como los de la generación del Diluvio, o como los de la generación de la División.[23]

LA SUMA DE LOS PRECEPTOS

Ahora bien, esos 7 preceptos son denominados así por una razón específica, tal como hemos dicho, pero eso no quiere decir que sean los únicos preceptos asignados a los descendientes de Noé. Pues ya hemos visto que en el Talmud se mencionan otros y que Maimónides reconoce que hay más preceptos asignados a los hijos de Noé además de los siete mencionados.

Quiere decir que los preceptos de Noé son muchos más, sólo que siete son las generalidades, y los sabios talmudistas discrepan únicamente en establecer cuáles son esas siete generalidades, que contienen muchos preceptos más. Tal como

---

Y murió Bela y reinó tras él Yovav, hijo de Zeraj, de Batzra. Y murió Yovav, y reinó tras él Jusham, de la tierra de los temanitas. Y murió Jusham y reinó tras él Hadad, hijo de Bedad, que hirió a Midián en el campo de Moab, y el nombre de su ciudad era Avit. Y murió Hadad y reinó tras él Samla de Masreca. Y murió Samla y reinó tras él Shaul de Rejovot Nahar. Y murió Shaul y reinó tras él Baal Janan, hijo de Ajbor. Y murió Baal Janan, hijo de Ajbor, y reinó tras él Hadar; y el nombre de su ciudad era Pau, y el nombre de su mujer era Meheitavel, hija de Matred, hija de Mei Zahav» (Génesis 36, 31-29). Aparentemente, en esta cita se mencionan simplemente datos históricos, pero observando con atención se descubren numerosos misterios. Uno de ellos es que acerca de los primeros siete reyes podemos leer «y murió», y acerca del octavo rey no está escrito «y murió». Y hay muchos otros datos enigmáticos incluidos en esos versículos citados que fueron dilucidados por los sabios, y a través de ellos explicaron profundos asuntos espirituales relacionados con mundos cósmicos.

23. Ben Iehoiada a Sanhedrín 56a.

ocurre con los seiscientos trece preceptos asignados a los hijos de Israel, que son muchos más que seiscientos trece, tal como hallamos en la enumeración de Maimónides y en la enumeración de Najmánides, y también Sma"g, que elaboraron listados completos de los seiscientos trece preceptos, y en el listado de Maimónides no aparecen exactamente los mismos preceptos que en el listado de Najmánides o Sma"g. Y sin embargo, tanto los de un listado como los del otro son preceptos de la Torá. Quiere decir que discreparon en especificar cuáles son considerados las generalidades que son seiscientas trece, aunque los preceptos asignados a los hijos de Israel son muchos más (Maalot Hatora).[24]

Ahora bien, ¿cuántos son en total los preceptos de Noé contenidos en los siete que son las generalidades? En otro tratado del Talmud, Julín, se revela, pues se enseña: está escrito: «Y pesaron mi paga: treinta –piezas de– plata» (Zacarías 11, 12). Dijo Rav Yehuda: «Ésos son los treinta justos de las naciones del mundo, pues las naciones del mundo existen por ellos. Dijo Ula: ésos son los 30 preceptos que recibieron sobre ellos los descendientes de Noé» (Talmud, tratado de Julín 92a en el capítulo VII denominado Guid Hanashe).

Se observa que en el Talmud se dice claramente que los preceptos de los descendientes de Noé son treinta. Y sobre esta base se dijo en el libro Asara Maamarot:[25] «Los preceptos de Noé consisten en siete generalidades y treinta especificaciones, tal como consta en el capítulo del Talmud denominado Guid Hanashe».

---

24. Escrito por rabí Abraham de Vilna, hermano del rabí Eliahu de Vilna, conocido como el Gaón de Vilna.
25. Asara Mamarot 3, 21.

IV. LOS DETALLES DE LOS PRECEPTOS

En este capítulo observaremos en forma sintética las citas talmúdicas que especifican los detalles de los 7 preceptos de Noé, a partir de las cuales se aprenden los 30 preceptos.

RESPETAR EL NOMBRE DE DIOS

Estudiaron los sabios: está escrito: «Y a los hijos de Israel hablarás diciendo: "Un hombre, un hombre, que blasfemare a su Dios cargará con su pecado"» (Levítico 24, 15).

Para entender el sentido literal de la cita era suficiente con que en el versículo se dijera: «Un hombre que blasfemare a su Dios cargará con su pecado». ¿Qué enseña: «Un hombre, un hombre»?

Respuesta: se aprende que se incluye a los gentiles, quienes fueron advertidos acerca del precepto de no blasfemar contra el Nombre de Dios, al igual que los hijos de Israel.

Se pregunta: ¿pero de aquí surge –esa enseñanza–? ¡De allí surge! Como está escrito: «Y el Eterno Dios ordenó al hombre, diciendo […]» (Génesis 2, 16). «El Eterno» (Génesis 2, 16), se refiere a la prohibición de blasfemar el Nombre.

Respuesta: también es necesario aprender –ese asunto de la aparente redundancia de la expresión «hombre»–, para incrementar los sobrenombres (Talmud, tratado de Sanhedrín 56a).

Es decir, enseña que un gentil que no blasfemó el Nombre especial del Eterno, sino un sobrenombre, por ejemplo, Dios, Todopoderoso, Dios de las Legiones, igualmente infringió el precepto (Rashi).

LOS SERES VIVOS

Enseñó rabí Janina hijo de Gamla: –los descendientes de Noé– también fueron ordenados acerca de la sangre de los seres vivos.

Dijo rabí Jidka: también sobre la castración.

Dijo rabí Iosei: todo lo que fue mencionado en la sección de las hechicerías, los descendientes de Noé fueron advertidos acerca de eso. A esto se refiere lo que está escrito: «No habrá en ti quien haga pasar a su hijo o a su hija por fuego; presagiador de presagios, mago, agorero o hechicero. Encantador, o quien consulte a Ov o Idoni, o quien invoque a los muertos» (Deuteronomio 18, 10-12).

En el final de esta cita está escrito: «Y debido a estas abominaciones, el Eterno tu Dios los expulsa de ante ti» *(ibid.)*. Y –Dios– no castiga si previamente no advirtió (Talmud, tratado de Sanhedrín 56a y b).

Explicación: «No habrá en ti quien haga pasar a su hijo o a su hija por fuego», se refiere al culto idolátrico denominado Molej,[26] que se disponen fogatas de aquí y de aquí, y se lo pasa por en medio de ellas (Rashi a Deuteronomio 18, 10; Talmud, tratado de Sanhedrín 64b).[27]

---

26. Véase Levítico 20, 1-6.
27. Véase Maimónides, leyes de idolatría 6, 3-5.

«Presagiador de presagios»: se refiere a aquel que toma su cayado y dice: ¿iré o no iré? Y a esto se refiere lo que está dicho: «Mi pueblo a su –imagen de– madera preguntará, y su cayado le dirá» (Oseas 4, 12) (Rashi a Deuteronomio 18, 10).[28]

«Mago –*meonen*–»: rabí Akiva dijo: se refiere al que establece tiempos[29] y dice: "Tal fecha es buena para comenzar".[30] Y los sabios dijeron que se refiere a quien "atrapa" los ojos[31] de las personas, cerrándolos y abriéndolos según su voluntad, y haciéndoles creer que realiza acciones sorprendentes, y en verdad no hace nada.[32]

Agorero –*menajesh*–:[33] se refiere a quien determina a través de adivinación por agüero lo que hará a causa de alguna señal, por ejemplo: su pan se cayó de su boca, un ciervo le interrumpió el camino o su cayado se le cayó de la mano (véase Rashi a Deuteronomio 18, 10).

A esto se refiere lo que está escrito: «Y Labán le dijo: "Ahora, pues, si he hallado gracia en tus ojos, he adivinado por agüero

---

28. Véase Maimónides, leyes de idolatría 11, 6.

29. Se deduce que rabí Akiva considera que la expresión *meonen* deriva de *aná*, que significa «período».

30. Calcula los momentos y las horas, y dice: «Hoy es bueno para salir –emprender un viaje–, mañana es bueno para comprar –mercancía para vender–» (Talmud, tratado de Sanhedrín 65b).

31. Se deduce que los sabios consideran que la expresión *meonen* deriva de *ain*, que significa «ojo».

32. Véase Rashi a Talmud, tratado de Sanhedrín 65b; Talmud *Ibíd*. Y véase Maimónides, leyes de idolatría 11, 8.

33. «Agorero»: los sabios estudiaron: se refiere al que dice: ¡el pan se cayó de su boca! ¡Su bastón se cayó de su mano! ¡Su hijo lo llama por detrás! ¡El buitre lo llamaba! ¡Un ciervo se le atravesó en el camino! ¡Una serpiente –apareció– a su derecha y un zorro a su izquierda! (Y augura que la persona a la que le sucedió alguna de esas cosas debe cuidarse porque es señal de que le ocurrirá algo malo). También se incluye en esta norma al que cuando un cobrador de impuestos o un representante del gobierno viene a realizar sus cobranzas, dice: ¡no comience por mí! Asimismo, el que dice: ¡ahora es de mañana! O dice: ¡es luna nueva! (Talmud, tratado de Sanhedrín 65b, 66a).

—nijashti—, y el Eterno me ha bendecido por ti"» (Génesis 30, 27).[34]

«Encantador»: se refiere al que reúne serpientes o escorpiones u otros seres vivientes en un lugar (Rashi a Deuteronomio 18, 19; y véase Talmud, tratado de Sanhedrín 65a).[35]

«Ov»: se refiere al tipo de hechizo denominado Pitom, y habla desde el sector de su axila, y hace ascender al muerto en el lugar de su axila (Rashi a Deuteronomio 18, 11; Talmud, tratado de Sanhedrín 65a).[36]

«Idoni»: para realizar este tipo de hechizo, la persona introduce en su boca un hueso de un animal denominado *idoni,* y el hueso habla a través de hechizos *(ibid.).*[37]

«Invocación a los muertos»: en el Talmud se cita esta enseñanza: —la persona que desea realizar este tipo de consulta— se abstiene de alimento y va y pernocta en el cementerio para que se pose sobre él el espíritu de impureza (Talmud, tratado de Sanhedrín 65a).

Además, en el Talmud se enseñan estos dos tipos de hechizos vinculados con este tema: quien hace ascender al muerto[38] en su región masculina, o el que consulta a una calavera.

Y el exégeta Rash"i[39] cita estos dos ejemplos para explicar lo referente a «invocación a los muertos».

---

34. Véase Beer Maim Jaim; Véase Maimónides, leyes de idolatría 11, 4.
35. Véase Maimónides, leyes de idolatría 11, 10.
36. Véase Maimónides, leyes de idolatría 6, 1.
37. Véase Maimónides, leyes de idolatría 6, 2.
38. Invoca su alma.
39. Rashi a Deuteronomio 18, 11.

LA IDOLATRÍA

Fue estudiado: lo que está escrito: «Dios –E"lohim–» (Génesis 2, 16), se refiere a la prohibición de la idolatría. Sin embargo, también es posible aprender lo vinculado con la idolatría de la expresión «ordenó», mencionada en el mismo versículo. ¿Cómo se aprende?

Un sabio[40] citó este versículo: «Se apartaron rápidamente del camino que les he ordenado; se hicieron un becerro fundido y se prosternaron ante él, y le ofrecieron sacrificios, y dijeron: "Israel, éstos son tus dioses, que te hicieron ascender de la tierra de Egipto"» (Éxodo 32, 8).

Se aprecia que en esta cita la «ordenanza» está vinculada con la idolatría.

Y un sabio[41] citó este versículo: «Despojado es Efraín, quebrantado en juicio, porque quiso y fue tras vanidades –tzav–» (Oseas 5, 11).

La expresión *tzav* significa literalmente «ordenanza». Y se relaciona con el culto idolátrico realizado por Jeroboam, pues hizo becerros de oro,[42] y los de Efraín quisieron ir por propia voluntad, y no por la fuerza (Metzudat David). Por lo tanto, se aprecia que en esta cita también la «ordenanza» está vinculada con la idolatría.

Y de un versículo se aprende que un idólatra que realizó un objeto de culto idolátrico y no se prosternó ante él infringe el precepto desde el momento de la fabricación, y del otro versículo se aprende que lo infringe cuando va en pos de él y lo adora. Y después de estudiarse el asunto minuciosamente se concluye que un descendiente de Noé infringe el precepto

---

40. Rab Jisda.
41. Rab Ytzjak hijo de Abdime.
42. Tal como consta en I Reyes XII.

tanto si hizo un objeto de culto idolátrico y no lo adoró, como si lo hizo y lo adoró.

Ahora bien, ¿qué se excluye de la infracción? El caso en que lo abrazó o lo besó, cuando no era el modo habitual de adorar a ese objeto de culto idolátrico (Talmud, tratado de Sanhedrín 56b).

LAS MEZCLAS DE LA TORÁ

En el Talmud se enseña a continuación lo relacionado con el precepto de las mezclas: dijo rabí Eleazar: también fueron ordenados acerca de las mezclas. Pues los descendientes de Noé tienen permitido vestir mezclas y sembrar mezclas, y no tienen prohibido sino realizar mezclas con animales y mezclar árboles –injertando una especie con otra.[43]

EL PRECEPTO DE LOS JUZGADOS

Fue estudiado: así como a los hijos de Israel les fue ordenado establecer tribunales en cada provincia y provincia, y en cada ciudad y ciudad, así les fue ordenado a los descendientes de Noé establecer tribunales en cada provincia y provincia, y en cada ciudad y ciudad. (Se aprende de lo que está escrito: «Pondrás jueces y alguaciles en todas tus ciudades que el Eterno, tu Dios, te da para tus tribus; y juzgarán al pueblo con juicio justo» (Deuteronomio 16, 18). A partir de este versículo se aprende que los hijos de Israel deben establecer tribunales en cada

---

43. Con esta enseñanza se esclarece lo que dijo Maimónides: «Fue recibido por tradición que los hijos de Noé tienen prohibido mezclar animales y también mezclar árboles solamente».

provincia y en cada ciudad. Y aquí está escrito: «Y juzgarán al pueblo con juicio justo». Y lo relacionado con el precepto de los juicios de los descendientes de Noé se aprende a partir de lo que está escrito: «Porque yo sé que ordenará a sus hijos, y a su casa después de él, que guarden el camino del Eterno, haciendo justicia y juicio, para que el Eterno haga venir sobre Abraham lo que le había hablado» (Génesis 18, 19). Por lo tanto, ya que también está escrito «juicios» en relación con los descendientes de Noé, se aprende que también ellos deben establecer tribunales en cada provincia y ciudad (véase Rashi).

EL PRECEPTO DE RESPETAR LA VIDA

Fue enseñado en nombre de rabí Ishmael: los descendientes de Noé tienen prohibido derramar sangre incluso de un feto. ¿Cuál es la razón de –esta aseveración de– rabí Ishmael? Porque está escrito: «Aquel que derramare sangre del hombre por el hombre –baadam– se derramará su sangre» (Génesis 9, 6). (La expresión *baadam* significa literalmente: «En el hombre». Por lo tanto, en el versículo está escrito literalmente: «Aquel que derramare sangre del hombre en el hombre, se derramará su sangre»). ¿Y cuál es el hombre que está en el hombre? Debe decirse que se refiere al feto que está en el vientre de su madre (Talmud, tratado de Sanhedrín 57b).

También se estudia esta sentencia relacionada: rabí Yonatán hijo de Shaúl dijo: «Cuando un hombre persigue a su prójimo para matarlo, y puede salvarse con uno de sus miembros –por ejemplo, cortándole una pierna–, y no se salvó de ese modo –sino que lo asesinó–, ha de recibir la pena capital» (Talmud, tratado de Sanhedrín 57a).

Y se cita el versículo del cual se aprenden los asuntos mencionados: «Pero vuestra sangre por vuestras vidas reclamaré, de todo ser vivo —que asesine— la reclamaré, y del hombre; del ser humano que es su hermano reclamaré la vida del hombre» (Génesis 9, 5) (Talmud, tratado de Sanhedrín 57b).

LAS RELACIONES PROHIBIDAS

A continuación, se estudian las relaciones prohibidas para los descendientes de Noé a partir de la cita bíblica que manifiesta: «Por lo tanto, el hombre dejará a su padre y su madre, y se apegará a su mujer, y serán una sola carne» (Génesis 2, 24).

Dijo rabí Eliezer: lo que está escrito: «Por lo tanto, el hombre dejará a su padre», se refiere a la hermana de su padre (es decir: no se casará con ella). Y lo que está escrito: «Su madre», se refiere a la hermana de su madre.

Rabí Akiva dijo: lo que está escrito: «Su padre», se refiere a la mujer de su padre. Y lo que está escrito: «Su madre», se refiere a su madre concretamente.

. A continuación, se citan más enseñanzas que se aprenden del mismo versículo:

Lo que está escrito: «Y se apegará a su mujer» —enseña que el hombre se unirá a su mujer—, y no a un hombre.

Además, lo que está escrito: «Y se apegará a su mujer» —enseña que el hombre se unirá a su mujer—, y no a la mujer de su compañero.

Lo que está escrito: «Y serán una sola carne» —enseña que a los hombres se les permite únicamente la unión de— quienes se convierten en una sola carne (es decir, seres humanos con seres humanos, hombre con mujer). Se excluye a los animales domesticables y a los animales salvajes pues —teniendo relaciones con ellos, no se forma un hijo, es decir— no se convierte en una sola carne (Talmud, tratado de Sanhedrín 58a).

LA HERMANA DE SU PADRE

A continuación, se esclarece completamente lo que se enseñó acerca de lo que está escrito: «Por lo tanto, el hombre dejará a su padre», que se refiere a la hermana de su padre. Fue estudiado: dijo rabí Eliezer: «Su padre», se refiere a la hermana de su padre. ¿Pero por qué no decir que se refiere a su padre concretamente?

La respuesta es ésta: que no puede casarse con su padre, se aprende de lo que se dijo: «Y se apegará a su mujer», y no a un hombre.

Se pregunta: ¿por qué no decir que se refiere a la esposa de su padre?

Respuesta: se aprende de lo que se dijo: «Y se apegará a su mujer», y no a la mujer de su compañero.

Y se siguen analizando todas las hipótesis posibles hasta esclarecerse completamente el asunto.

Además, en el Talmud se citan varias pruebas de versículos para establecer qué tipo de parentescos están prohibidos para contraer enlace y cuáles están permitidos. Y se enseña que un descendiente de Noé que tiene siervos y designa a una sierva suya para un siervo suyo, no puede allegarse a ella él mismo. Pero si ella se separó, le estaba permitida, al igual que a cualquier otro hombre que quisiera formar matrimonio con ella. O sea, podía desde que ella salía a la calle con la cabeza descubierta –ya que las mujeres gentiles casadas también acostumbraban llevar la cabeza cubierta– (Talmud, tratado de Sanhedrín 58b, Rashi).

LA PROHIBICIÓN DE AGREDIR

Asimismo, se enseña en el Talmud: un gentil que golpea el rostro de un israelita es como si golpeara el rostro de la Presencia

Divina, como está dicho: «Golpea al hombre,[44] daña la santidad [...]» (Proverbios 20, 25).

Dijo Reish Lakish: el que levanta la mano contra su compañero, aunque no lo golpee, se denomina malvado, como está dicho: «Al día siguiente salió y vio a dos hombres hebreos riñendo, y dijo al malvado: "¿Por qué has de golpear a tu compañero?"» (Éxodo 2, 13). Se observa que no está dicho: «Has golpeado», sino: «Has de golpear». Se aprende que, aunque no lo golpeó se denomina malvado.

A continuación, se enseña que un gentil no debe hacer el Shabat, como está escrito: «Y el Eterno olió el aroma grato; y dijo el Eterno en su corazón: no volveré a maldecir la tierra por causa del hombre [...]. Y día y noche no cesarán –*ishbotu*–» (Génesis 8, 21-22).[45]

Seguidamente se menciona la enseñanza de rabí Iojanán acerca de la prohibición de un gentil de ocuparse de la Torá, como está dicho: «La Torá que nos ordenó Moshé es la heredad de la Congregación de Jacob» (Deuteronomio 33,4).

Se pregunta a continuación: ¿de dónde se aprende que incluso un gentil que se ocupa de la Torá es como un sumo sacerdote?

Y se responde: como está dicho: «Y guardaréis mis estatutos y mis juicios, que el hombre hará y vivirá con ellos; Yo, el Eterno» (Levítico 18, 5). Se observa que no está escrito: «Que harán los sacerdotes, los levitas, y los israelitas», sino: «Que el hombre realizará [...]». Se aprende que incluso un gentil que se ocupa de la Torá es como un sumo sacerdote.

---

44. La expresión «hombre» en el versículo está escrita a través de la locución *adam,* sin la letra *he* al comienzo. Y a partir de esa característica se sabe si el versículo se refiere a los hijos de Israel o a los hombres en general (véase Tosafot, Talmud, tratado de Sanhedrín 59a).

45. En el Talmud se enseña además que este precepto no se refiere únicamente al día séptimo, sino también a cualquier otro día de la semana.

Siendo así, ¿cómo se entiende lo que fue dicho anteriormente? La respuesta es ésta: allí –en el estudio que menciona que un gentil que se ocupa de la Torá es como un sumo sacerdote–, se refiere a los 7 preceptos de ellos –los descendientes de Noé.

LA SANGRE DE ANIMAL

Dijo rabí Janina hijo de Gamliel: –Los descendientes de Noé tienen prohibido– también la sangre de un animal vivo (o sea, sangre extraída del animal mientras estaba con vida).

Los sabios estudiaron: está escrito: «Mas de carne con su alma, su sangre, no comeréis» (Génesis 9, 4). Se refiere a –el precepto de no comer– partes de un animal vivo. Dijo rabí Janina hijo de Gamliel: –También se incluye en este versículo la prohibición de– sangre de un animal vivo.

LA REPRODUCCIÓN DE LA ESPECIE

Más adelante se menciona en el Talmud la cita que se refiere a la reproducción, como está escrito: «Y bendijo Dios a Noé y a sus hijos, y les dijo: fructificaos y multiplicaos, y llenad la tierra [...]. Y vosotros, fructificaos y multiplicaos; reproducíos en la tierra y multiplicaos en ella» (Génesis 9, 7).

Después se enseña en el Talmud lo relacionado con la prohibición de la carne a Adán, y la posterior autorización a Noé, y lo vinculado con la sangre de los seres vivientes denominados *sheratzim*: dijo Rab Yehuda: Rab dijo: a Adán, el primer hombre, no le fue permitida la carne para comer, como está escrito: «Y dijo Dios: "He aquí que os he dado toda hierba que produce semilla que se encuentra sobre toda la superficie de la Tierra, y todo árbol que produce fruto, que da simiente, para vosotros será para comer. Y para todo animal de la Tierra, y para toda ave de los Cielos, y para todo lo que se arrastra sobre la Tierra, que hay en él alma vital, toda hierba vegetal les será para comer; y así fue» (Génesis 1, 29-30).

Se entiende que todo el alimento que fue dado al hombre también fue dado a los animales, y se concluye: mas no todo animal de la tierra –será para vosotros para comer–. Y cuando vinieron los hijos de Noé, Dios les permitió –la carne–, como está escrito: «Todo ser que se mueve y vive os será por alimento; como las verdes hierbas, os he dado todo» (Génesis 9, 3).

Entonces se pregunta en el Talmud: ¿es posible que no se cumpliera el precepto de no comer partes de un animal vivo? Se aprende del versículo que manifiesta: «Mas de carne con su alma, su sangre, no comeréis» (Génesis 9, 4). ¿Es posible que se incluya también a los seres vivientes denominados *sheratzim?* Se aprende que no a partir de lo que está escrito: «Mas» (ya que toda vez que está escrita esta palabra en el Pentateuco disminuye algún asunto específico).

Se pregunta en el Talmud: ¿y cómo se aprende que se disminuye específicamente a los seres vivientes denominados *sheratzim*, y no a otro tipo de animal?

Se responde: dijo Rab Huna: en el versículo mencionado está escrito: «Su sangre» (en forma aparentemente innecesaria), por lo que se deduce que se refiere a aquella especie que su sangre no es parte de su carne, (sino que la sangre tiene una denominación independiente, y se denomina alma, y la carne tiene una denominación independiente, y se denomina carne). Se excluye a los seres vivientes denominados *sheratzim,* cuya sangre no está separada de su carne.

LAS LEYES DE LAS MEZCLAS

Después, se estudia en el Talmud lo relacionado con las mezclas permitidas para los descendientes de Noé y las prohibidas:

Dijo rabí Eleazar: también –fueron advertidos– por las mezclas.

¿De dónde se aprende?

Dijo Shmuel: porque está escrito en el versículo: «Guardaréis mis decretos» (Levítico 19, 19). Se entiende que se refiere a decretos que ya fueron establecidos; y éstos son: «No harás aparear a tu animal para mixturarlo, no sembrarás tu campo con mezclas».

Explicación: a los Hijos de Israel les fue ordenado: «Guardaréis mis decretos, no harás aparear a tu animal para mixturarlo, no sembrarás tu campo con mezclas; y no estará sobre ti una vestimenta de fibras mezcladas» (Levítico 19, 19). Y lo que está escrito: «Guardaréis mis decretos», indica que ya fueron establecidos anteriormente en el pasado. Resulta, pues, que lo que está escrito a continuación en el versículo, ya había sido ordenado a los descendientes de Noé.

Se pregunta en el Talmud: «Tu animal», ¿cuál es –la explicación–?

Es decir, ¿cuál fue el precepto ordenado a los descendientes de Noé relacionado con la mezcla de animales?

Se responde: aparear a tu animal –para mezclarlo con otra especie; por lo tanto, lo que está escrito a continuación–: «(No sembrarás –tizra–)[46] tu campo», indica una prohibición similar a la anterior, o sea, no injertar (una especie con otra) (Talmud, tratado de Sanhedrín 60a).

---

46. La expresión *tizra* viene de *zera* que significa «simiente».

LOS TRES PRECEPTOS RECIBIDOS

En el tratado de Julín se mencionan otros tres preceptos que fueron recibidos por los descendientes de Noé:

- No escribir un documento de casamiento a un hombre.
- No pesar carne de cadáver en las tiendas.
- Honrar la Torá (Talmud, tratado de Julín 92a).

Explicación: no escribir un documento de casamiento a un hombre: un hombre no escribe a otro hombre un documento de casamiento declarando la unión de pareja entre ambos.

No pesar carne de cadáver en las tiendas: textualmente. Asimismo, hay otra explicación que aparece en la exégesis de Rashi y manifiesta: yo he oído que se refiere a un animal que murió por sí solo (cuya carne no venden en sus tiendas) (explicación de Rashi al Talmud, tratado de Julín 92a).

Éstos que hemos observado son los preceptos mencionados por los sabios en el Talmud para los descendientes de Noé.

V. ENUMERACIÓN DE LOS 30 PRECEPTOS

Ahora que hemos visto los preceptos proscritos para los descendientes de Noé que fueron mencionados en el Talmud, con sus detalles y pormenores, observaremos el listado completo de los 30 preceptos, cada uno vinculado con un precepto raíz de los 7 preceptos de Noé.

Pues como dijimos, hay 7 preceptos generales, que incluyen 30 preceptos, y ahora veremos los detalles y las correspondencias, tal como fueron descritas por rabí Menajem Azaria de Pano en el libro Asara Maamarot.

El primero es la idolatría, y lo secundan: pasar por fuego, presagios, magia, agorería, hechicería, encantaciones, Ov, Idoni, consultar a los muertos. Tal como dijo rabí Yosei, que todo lo que fue mencionado en la sección de las brujerías, los hijos de Noé fueron advertidos al respecto. He aquí que son diez preceptos.

Segundo: relaciones prohibidas, y lo secundan: fructificarse, uno, y multiplicarse, dos, y la prohibición de un hombre de estar con un hombre, incluso escribirle un documento de compromiso. Y mixtura de animales, y castrar, y mixturar árboles, he aquí siete, y *véase* a continuación.

Tercero: derramamiento de sangre, y golpear a un israelita lo secunda, he aquí dos.

Cuarto: maldecir el Nombre del Eterno. Y el honor de la Torá lo secunda, y también ocuparse de la Torá que les fue dada a ellos. Porque un hijo de Noé que se ocupa de ella es como un sumo sacerdote, he aquí tres.

Quinto: robo, y no ocuparse de la Torá que nos fue dada como heredad lo secunda, he aquí dos.

Sexto: juicios, para el establecimiento del mundo, y no hacer Shabat lo secunda, he aquí dos.

Séptimo: un miembro de un animal vivo, y lo secundan la sangre de un animal vivo, un animal muerto –por sí solo– y carne de cadáver, he aquí cuatro. Y el número total de los preceptos es treinta.

SÍNTESIS

1. IDOLATRÍA

1. Idolatría
2. Pasar por fuego
3. Presagios
4. Magia
5. Agorería
6. Hechicería
7. Encantaciones
8. Ov
9. Idoni
10. Consultar a los muertos

2. RELACIONES PROHIBIDAS

11. Relaciones prohibidas
12. Fructificarse
13. Multiplicarse
14. Prohibición de un hombre de estar con un hombre, e incluso escribirle un documento de compromiso
15. Mixtura de animales
16. Castrar
17. Mezclar árboles

3. DERRAMAMIENTO DE SANGRE

18. Derramamiento de sangre
19. Golpear a un israelita

4. MALDECIR EL NOMBRE DEL ETERNO

20. Maldecir el nombre del Eterno
21. Honor de la Torá
22. Ocuparse de la Torá que les fue otorgada

5. ROBO

23. Robo
24. No ocuparse de la Torá que fue dada por heredad a los hijos de Israel

6. JUICIOS

25. Juicios
26. No hacer Shabat

7. NO COMER UN MIEMBRO DE UN ANIMAL VIVO

27. No comer un miembro de un animal vivo
28. Sangre de un animal vivo
29. Un animal muerto –por sí solo–
30. Carne de cadáver

VI. LAS LEYES DE MAIMÓNIDES

Ahora que hemos visto los 7 preceptos de Noé y los 30 preceptos que los integran según lo manifestado por el sabio Menajem Azaria de Pano en el libro Asara Maamarot, y además observamos detalles de esos 30 preceptos, veremos la legislación de Maimónides. Pues Maimónides es uno de los legisladores más importantes tomados en cuenta para establecer las leyes. Por eso, observaremos sentencias relevantes de su dictamen.

LA LEY DE LA IDOLATRÍA

Un gentil que realizó culto idólatra está obligado a ser sancionado por transgredir el precepto. Y esto, cuando lo adoró como es habitual –adorar a ese culto–. Y no se le permite levantar monumentos. Tampoco plantar árbol de idolatría. Y tampoco realizar imágenes y lo que se les asemeje, para ornamento.

LA LEY DE LA BLASFEMIA

Un descendiente de Noé que blasfemó el Nombre, tanto si blasfemó el Nombre especial, tanto si blasfemó un sobrenombre con cualquier lenguaje, está obligado a ser sancionado.

LA LEY DEL ASESINATO

Un descendiente de Noé tiene prohibido matar una vida, incluso un feto en el vientre de su madre. Y lo mismo si mató a un moribundo, o si lo maniató y lo dispuso ante un león, o le privó de alimento hasta que murió. Y asimismo si mataba a su perseguidor cuando podía salvarse con –dañar sólo– uno de sus miembros.

LA LEY DE LAS RELACIONES PROHIBIDAS

Seis relaciones están prohibidas para los descendientes de Noé: la madre, la mujer del padre, la mujer casada, su hermana por parte de su madre, el varón –para un varón–, y el animal. Como está dicho: «Por lo tanto, el hombre dejará a su padre» (Génesis 2, 24). Se refiere a la mujer de su padre.

«Y su madre» *(ibid.),* textualmente.

«Y se apegará a su mujer» *(ibid.)* y no a la mujer de su prójimo. A su mujer y no a un varón.

«Y serán una sola carne» *(ibid.),* se excluye al animal domesticable, al animal salvaje y al ave, que él y ellos no son una sola carne –no pueden procrear y ser una sola carne.

Y está dicho: «Y ciertamente también es mi hermana, hija de mi padre, mas no hija de mi madre, y la tomé por mujer» (Génesis 20, 12).

Un descendiente de Noé es condenado –por unirse– con una mujer que fue seducida por su padre o forzada por su padre, pues es su madre de todos modos. Y está obligado a ser sancionado por –allegarse a– la mujer de su padre incluso después de la muerte de su padre. Y está obligado a ser sancionado por llegarse a un varón, ya sea si era pequeño o adulto. Y a un animal, ya sea pequeño o adulto.

Un descendiente de Noé que designó una sierva para su siervo, y se allega a ella, le corresponde la pena capital, por allegarse a la mujer de su prójimo. Y no es sancionada por allegarse a ella hasta que se difunda el asunto y los del pueblo digan: «Ésta es de la casa del siervo fulano». ¿Y cuándo volverá a estar permitida –de unirse en matrimonio a otro hombre–? Desde que se separa del siervo y anda por la calle con la cabeza descubierta.

¿Y a partir de cuándo la mujer del prójimo será como una divorciada de nosotros –los hijos de Israel–? Desde que la haga salir de su casa y la envíe sola. O cuando ella salga y se vaya de su dominio. Pues los descendientes de Noé no tienen –obligación de cumplir el precepto de entregar un– documento de divorcio escrito. Y el asunto no depende sino de él solamente –el descendiente de Noé–, por lo tanto, todo el tiempo que quiere él, o ella, separarse éste de éste, se separan.

LA LEY DE LOS ROBOS

El descendiente de Noé infringe por robar, tanto si roba a un gentil como si roba a un israelita. Y tanto si hurta o roba dinero, o secuestra una persona, o retiene el pago del asalariado, o asuntos similares. Incluso un trabajador que comió fuera del horario de trabajo –de lo que producía–. Por todo es sancionado y es considerado según la generalidad de ladrón. Y también transgrede si roba menos que el valor de una moneda pequeña denominada *peruta*.

LA LEY DE LOS MIEMBROS DE ANIMALES

Asimismo, los descendientes de Noé están obligados a ser sancionados por tomar partes de seres vivos, y por la carne de los seres vivos, e incluso si es una cantidad pequeña. Y les está permitida la sangre de los seres vivos.

El que degüella un animal, incluso si cortó las dos señales –la tráquea y el esófago–, todo el tiempo que –el animal– se mueve, los miembros y la carne que se separan de él están prohibidos para los descendientes de Noé por –la ley de– un miembro de un ser vivo.

LA LEY DE LOS JUICIOS

¿Y de qué manera fueron ordenados acerca de los juicios? Deben disponer jueces y alguaciles en cada ciudad y ciudad para juzgar esos seis preceptos. Y para advertir al pueblo (Maimónides, leyes de Reyes XIX).

Se observa que Maimónides incluyó en los 7 preceptos de los descendientes de Noé muchos de los preceptos que fueron mencionados en el Talmud además de los siete que son considerados raíces. Y asimismo incluyó detalles de esos preceptos, que son preceptos que forman parte de esos preceptos. Tal como fue enseñado, que hay preceptos considerados raíces y muchos otros derivados, y muchos otros derivados de los derivados, y todos son importantes.[47]

LA ENSEÑANZA DE NAJMÁNIDES

Observando lo que escribió Najmánides acerca de ese asunto, se podrá comprender lo que hemos mencionado en forma más amplia, y además aprehender mucho más sobre la magnitud de los preceptos de Noé.

---

47. Maalot Hatorá.

Najmánides se refirió al precepto de los juicios y citó lo que mencionó Maimónides: «Deben disponer jueces y alguaciles en cada ciudad y ciudad para juzgar esos seis preceptos» (Maimónides, leyes de Reyes XIX). Pero dijo además que, a su entender, los juicios que fueron prescritos para los descendientes de Noé en lo que respecta a los 7 preceptos, es un precepto que no consiste en disponer jueces y alguaciles en cada ciudad y ciudad solamente, pues asimismo se estipuló para ellos lo relativo a las leyes de robo, estafa, hurto, retener la paga del asalariado, las leyes de los cuidadores, y el que violenta –a una joven–, y el que seduce –a una joven–, y los entes dañadores denominados «padres», y el que lesiona a su prójimo, y las leyes de prestadores y prestados, y las leyes de compra y venta y leyes similares, como los juicios que fueron ordenados a Israel.

Y Najmánides concluye que deben poner jueces para juzgar esos asuntos –además de los seis preceptos mencionados por Maimónides– (Najmánides a Génesis 34, 13).

EL ÁRBOL DE LOS PRECEPTOS

Con esto que hemos mencionado, es posible comprender con mayor precisión lo citado anteriormente, que hay preceptos considerados raíces y muchos otros derivados, y muchos otros derivados de los derivados. Y nunca dejan de ser siete que incluyen treinta.

Y si observamos el valor que se desprende de la cuenta de Najmánides, resulta que el precepto de los juicios incluye treinta. Ya que en el tratado talmúdico de Baba Kama se enseñó: «Fue estudiado en la academia de rabí Jía: hay veinticuatro dañadores[48] denominados "padres"» (Talmud, tratado de Baba Kama 4b). Y éstos coinciden con lo expuesto por Najmánides.

Por lo tanto, sumando los veinticuatro tipos de daños mencionados en el Talmud, adicionados a los seis preceptos de los 7 preceptos de Noé que deben juzgar, resulta que los jueces deben juzgar 30 preceptos, lo cual coincide con lo que se dijo en el tratado de Julín respecto a los 30 preceptos recibidos por los descendientes de Noé (Torá Temimá Génesis 2, 16).[49]

LOS VEINTICUATRO ENTES DAÑADORES

A continuación, observaremos detalles relevantes de los veinticuatro tipos de daños mencionados en el Talmud. En primer lugar, debe saberse que hay cuatro tipos de entes dañadores, que cada uno de ellos tiene una forma particular de dañar, pero todos tienen una propiedad común: producir daños. Y esos cuatro entes dañadores básicos se denominan «padres», porque tienen hijos. Es decir, cada uno de ellos tiene derivados.

Éstos son los cuatro entes dañadores denominados padres: toro, pozo, hombre y fuego (Mishná, tratado de Baba Kama 2a).

LAS PARTICULARIDADES DEL TORO

El toro es una posesión –o sea, algo que vale dinero– de una persona que dañó a otro toro o a cualquier posesión –que vale dinero– de otra persona según el modo de dañar de ese animal.

---

48. En el texto de la Mishná está escrito: *nezikim,* y no, *mazikim,* como es común denominar a los dañadores, debido a que el sabio era de Jerusalén –y no de Babilonia–, y al que produce un daño lo denomina *nazik* (véase Shitá Mekuvetzet).

49. O sea, un solo precepto de los treinta, el de los juicios, incluye 30 preceptos. Por lo tanto, se habla de derivados de derivados.

Los sabios estudiaron en el Talmud tres tipos de daños característicos de un toro a través de los cuales suele dañar (a través de los cuales se aprende lo relativo a la ley de daños provocados a las posesiones del prójimo):

- Pie: el animal camina pisando con sus pies y daña objetos al andar.
- Diente: el animal come frutos –vegetales– en campos ajenos y lo hace para su propio provecho.
- Cuerno: el animal cornea con sus cuernos con intención de dañar. E hizo eso de un modo atípico, lo cual no es usual en él y no tiene provecho de lo que hizo.[50]

Ésta es la fuente bíblica de la cual se aprende lo relativo al tipo de dañador denominado toro: «Si un hombre hiciere pastar a sus animales en campo o viñedo –ajeno–, o si enviare a su animal y estropeare en otro campo, pagará de lo mejor de su campo o de lo mejor de su viña» (Éxodo 22, 4).

LAS CARACTERÍSTICAS DEL POZO

El pozo es un daño consistente en abrir un pozo en la vía pública y provocar daños. A esto se refiere lo que está escrito: «Y si un hombre abriere un pozo, o si un hombre cavare un pozo y no lo cubriere, y cayere allí un toro o un asno, el dueño del pozo pagará con plata, le ha de devolver a su dueño –el valor

---

50. Los sabios analizaron puntillosamente este asunto en el Talmud para dilucidar si lo mencionado en la Mishná se refiere a los tres tipos de daño indicados o solamente a los daños realizados con sus pies, al caminar. Según la opinión de Rav, el dañador «toro», mencionado en la Mishná incluye los tres tipos de daño: pie, diente y cuerno. Y según la opinión de Shmuel, solamente pie.

del toro muerto–, y el –toro–muerto será para él» (Éxodo 21, 33-34).

LOS DAÑOS DE UN HOMBRE

Hombre: lo relativo a los daños producidos por un hombre se estudia en forma amplia y detallada en el Talmud.[51]

LA PROPAGACIÓN DEL FUEGO

Fuego: se refiere al daño producido por un hombre que encendió fuego en su dominio y éste se propagó y dañó pertenencias de su prójimo. A esto se refiere lo que está escrito: «Si saliere fuego, y –al propagarse– hallare espinos, y quemare mieses acopiadas o en pie, o campo, el que encendió el fuego ciertamente ha de pagar –por el daño causado–» (Éxodo 22, 5).

LOS TRECE DAÑADORES BÁSICOS

Fue estudiado en la academia de Rab Oshaia: «Hay trece dañadores denominados "padres"» (Talmud, tratado de Baba Kama 4b).

Rabí Oshaia incluye en esta lista los tipos de daños provocados por un hombre a las posesiones de su prójimo y también los tipos de daños producidos por un hombre a su prójimo en

---

51. Eso es así según la opinión de Rav. Pero según la opinión de Shmuel este tipo de dañador mencionado la Mishná se refiere al diente de un animal, que devora en campo ajeno, como surge de lo que está escrito al final del versículo mencionado previamente: «O si enviare a su animal y estropeare en otro campo» (Éxodo 22, 4).

forma directa. Y se suman a los cuatro entes dañadores considerados «padres» mencionados anteriormente.

En primer lugar, en el listado de rabí Oshaia, se mencionan los cuatro tipos de cuidadores que deben pagar por los daños causados a lo que se les dio a cuidar en el caso en que no lo hubieran hecho como es debido: el cuidador que no recibe paga, el que pide prestado, el cuidador que recibe paga, el que alquila (Talmud, *ibid.*).

LOS CUATRO TIPOS DE CUIDADORES

El cuidador que no recibe paga es aquel que aceptó cuidar una pertenencia de su prójimo sin recibir paga por hacerlo. Este tipo de cuidador está obligado a pagar los daños ocurridos al objeto que estaba cuidando únicamente si cometió una imprudencia al cuidar. Es decir, cuando no cuidó como lo hacen los cuidadores.

El que pide prestado es el tipo de cuidador que recibe un objeto de su prójimo para utilizarlo en forma gratuita –sin pagarle nada–. Este tipo de cuidador está obligado a pagar por los daños que se produzcan al objeto incluso en caso de tratarse de un accidente.

El cuidador que recibe paga es aquel que acepta cuidar una pertenencia de su prójimo a cambio de una paga. Este tipo de cuidador está obligado a pagar incluso cuando lo que cuidaba se haya perdido o haya sido robado, y con más razón cuando haya cometido una imprudencia y haya descuidado lo que estaba cuidando.

El que alquila es aquel que recibe una pertenencia de su prójimo para utilizarla a cambio del pago de un alquiler. A este tipo de cuidador se le aplican las mismas leyes que al cuidador que recibe paga en caso de ocurrir algún daño a lo que recibió.

LOS CINCO DAÑOS DEL GOLPEADOR

A continuación, se mencionan en el Talmud los cinco tipos de daños que el golpeador está obligado a pagar al golpeado a modo de indemnización: daño producido, sufrimiento, curación, reposo y vergüenza (Talmud, *ibid.*).

LOS CINCO TIPOS DE PERJUICIOS

En el libro de Éxodo está escrito: «Y si hombres riñeren, y uno golpeare a su prójimo con piedra o con el puño, y no muriere, pero cayere en cama. Si se levantare y anduviere fuera por sus propios medios, el que lo golpeó será absuelto, sólo le pagará por lo que estuvo sin trabajar, y se ocupará de su curación» (Éxodo 21, 18-19). Y en el libro de Levítico está escrito: «Y si un hombre causare una lesión a su prójimo, tal como hizo se le hará a él» (Levítico 24, 19). A través de esta declaración se determina que el que lesiona a su prójimo deberá pagarle un resarcimiento.

Resulta, pues, que de estas citas se deducen los cinco tipos de resarcimientos que el lesionador debe pagar el lesionado:

Daño producido: el que daña el cuerpo de su prójimo está obligado a indemnizarlo por la reducción de su capacidad física.

Sufrimiento: el atacador debe pagar al atacado por el sufrimiento causado.

Curación: el atacador debe pagar al atacado lo necesario para la curación de las heridas que le produjo.

Reposo: el atacador debe pagar al atacado por los días de cesantía en los cuales no puede trabajar y debe permanecer en cama.

Vergüenza: el atacador debe pagar al atacado por la vergüenza que le ocasionó.

EL PAGO DE LA INDEMNIZACIÓN

El resarcimiento, por lo tanto, comprende cinco asuntos, y la totalidad de éstos deberá pagarse en el caso en que la lesión producida al prójimo comprenda la totalidad de esos asuntos. Es decir, si cuando lo dañó le causó sufrimiento, lo avergonzó, provocó que recibiese curación y la cesantía en el trabajo.

Ahora bien, si la lesión producida le produjo a su prójimo solamente cuatro de estas cosas, en ese caso le deberá pagar por las cuatro cosas. Y si la lesión producida le produjo a su prójimo tres de esas cosas, le deberá pagar por las tres cosas. Y si la lesión producida le produjo a su prójimo dos de esas cosas, le deberá pagar por las dos cosas. Y si la lesión producida le produjo a su prójimo una sola de esas cosas, le deberá pagar por esa única cosa.

Por ejemplo, si le hubiese cortado la mano, el pie o un dedo, o si le hubiese disminuido uno de sus miembros, le debe otorgar la totalidad de las cinco cosas: daño producido, sufrimiento, curación, reposo y vergüenza.

Si le hubiese golpeado la mano, y su mano resultó dañada, pero finalmente se curó; o si le hubiese golpeado su ojo, y su ojo resultó dañado, pero finalmente se curó; no necesita pagarle por el daño, y le debe otorgar solamente las otras cuatro cosas: sufrimiento, curación, reposo y vergüenza.

Si lo hubiese golpeado en la cabeza, y se le hinchó, no necesita pagarle por el daño ni el reposo, y le debe conceder solamente las otras tres cosas: sufrimiento, curación y vergüenza.

Si lo hubiese golpeado en un sitio que no es visible exteriormente, por ejemplo, en las rodillas, o en la espalda, y ningún hombre vio el daño, no necesita pagarle por el daño, ni el reposo ni la vergüenza, y le debe compensar solamente por sufrimiento y curación (Maimónides: leyes de daños y lesiones cap. II).

He aquí nueve tipos de dañadores, que sumados a los cuatro mencionados en la Mishná, suman trece. Y en el Talmud se explican los detalles y los pormenores de ellos en forma minuciosa.

LOS VEINTICUATRO DAÑADORES

Más adelante se menciona en el Talmud esta otra enseñanza: «Estudió rabí Jía: hay veinticuatro dañadores denominados "padres": pago doble, pago del cuádruple y el quíntuple, hurtador, ladrón, testigos descalificadores, el que violenta –a una joven–, el que seduce –a una joven–, el que difama sacando mal nombre, el que impurifica –una ofrenda–, el que mezcla –una ofrenda con producto mundano–, el que dedica vino de su prójimo para idolatría. Y sumados a los trece del estudio previo, he aquí son veinticuatro» (Talmud, tratado de Baba Kama 4b).

En esta enumeración se incluyen los daños en los que además se aplican multas en los tribunales de los hijos de Israel.[52] Ésta es la fuente y el detalle de cada uno de ellos:

LOS PAGOS ADICIONALES

Pago doble: aquel que sustrae a otra persona una pertenencia, y ésta es hallada intacta en poder del ladrón, debe pagar al dueño el doble de lo sustraído. A esto se refiere lo que está escrito: «Si lo hurtado fuere hallado en su poder, tanto toro, o asno, u oveja, vivos, pagará el doble» (Éxodo 22, 3).

---

52. Respecto a la exclusión de las aplicaciones de multas en los tribunales de los descendientes de Noé, se estudia en el tratado talmúdico de Sanhedrín, en el folio 56b.

Pago del cuádruple y el quíntuple: aquel que sustrae a otra persona una pertenencia y ésta es hallada en poder del robador, pero no intacta, por ejemplo, si le robó una oveja y la degolló, o un toro y lo degolló, o los vendió, debe pagar el cuádruple y el quíntuple, según corresponda. A esto se refiere lo que está escrito: «Si un hombre robara un toro o una oveja, y lo degollare o vendiere, ha de pagar cinco vacunos por el toro y cuatro ovejas por la oveja» (Éxodo 21, 37).

EL HURTADOR Y EL LADRÓN

Hurtador: cuando el hurtador, que hurtó a escondidas, reconoce por sí solo haber hurtado, paga el valor de lo sustraído solamente. Ya que el pago del doble es una multa, y al reconocer por propia voluntad, se libera de la multa.

A esto se refiere lo que está escrito: «Por todo asunto de culpabilidad, por un toro, un asno, una oveja o una vestimenta, por todo lo que se hubiere perdido, cuando uno dijere: "Éste es mío", el asunto de la disputa de ambos se traerá a los jueces, y aquel que fuere declarado culpable por los jueces, pagará a su prójimo el doble» (Éxodo 22, 8). Se aprende que sólo el que fue condenado a través de un tribunal paga multa, y no quien se declaró culpable él mismo (Talmud, tratado de Baba Kama 64b, Rashi).

Ladrón: cuando el ladrón, que robó con violencia, a la vista, reconoce por sí solo haber robado, paga el valor de lo sustraído solamente. Ya que debido a que el pago del doble es una multa, al reconocer por propia voluntad, también se libera de la multa.

El ladrón –gazlan– se considera «padre», es decir, es considerado entre los dañadores básicos en forma independiente, porque está escrito: «Devolverá lo robado que robó –gazal–» (Levítico 5, 23) (Rashi a Baba Kama 4b).

LA LEY DE LOS TESTIGOS DESCALIFICADOS

Testigos descalificados son aquellos que testificaron contra una persona declarando que es culpable, y posteriormente el testimonio de ellos fue descalificado por otros testigos. Es decir, después de que testificaran vinieron al tribunal otros dos testigos y descalificaron a los primeros declarando que el testimonio de ellos era falso, porque en ese tiempo en que declararon haber presenciado la acción del hombre contra quien testificaron estaban con ellos en otro lugar.

Entonces se los condena por: «Le harás conforme a lo que tramó hacer», es decir, conforme a lo que falsearon para condenar al imputado con el testimonio de ellos, como está escrito: «Si se levantare testigo falso contra un hombre, para descalificar su testimonio –diciendo: "Ese día habéis estado con nosotros en tal lugar"–. Entonces los dos hombres entre los cuales hay litigio se pondrán de pie delante del Eterno, ante los sacerdotes y los jueces que estuvieren en esos días. Y los jueces investigarán bien, y he aquí que si fuere hallado testigo falso que testificó falsamente contra su hermano, entonces le harás conforme a lo que tramó hacer a su hermano, y eliminarás el mal de en medio de ti» (Deuteronomio 19, 16-19).

LOS DAÑADORES Y ATACADORES

El que violenta a una joven o el que seduce a una joven, además de cumplir con las sanciones que corresponden, debe pagar multa, como está escrito: «Y si un hombre engañare seductoramente a una mujer virgen que no estaba comprometida y cohabitare con ella, la dotará para que sea su mujer. Y si el padre de ella se negara a entregársela, pesará plata conforme a la dote de las vírgenes» (Éxodo 22, 15-16). Y está escrito: «Si un hombre hallare a una joven virgen que no estaba comprometida, y la tomare y cohabitare con ella, y fueren hallados, entonces, el hombre que cohabitó con ella entregará al padre de la joven cincuenta siclos de plata, y ella le será por esposa, porque la violentó; no se podrá divorciar de ella en todos sus días» (Deuteronomio 22, 28-29).

Respecto al que difama a su esposa sacando mal nombre de ella, además de cumplir con las sanciones que corresponden, debe pagar multa, como está escrito: «Cuando un hombre tomare a una mujer por esposa y se allegare a ella y la aborreciere; y hablare difamadoramente contra ella, difamando el nombre de ella, diciendo: "He tomado por esposa a esta mujer y estuve con ella, y no hallé en ella las señales de la virginidad"; entonces el padre de la joven, y su madre, tomarán las señales de la virginidad de la joven y las llevarán a los ancianos de la ciudad, al portal.

El padre de la joven dirá a los ancianos: "He dado a mi hija a este hombre por esposa, y él la aborreció. Y he aquí que él la acusó hablando difamadoramente contra ella, diciendo: 'No hallé las señales de la virginidad en tu hija', y éstas son las señales de la virginidad de mi hija"; y extenderán la vestidura ante los ancianos de la ciudad. Y los ancianos de la ciudad tomarán al hombre y lo castigarán. Y lo multarán en cien siclos de plata y se los darán al padre de la joven, porque difamó el nombre de una mujer virgen de Israel, y la tendrá por su mujer, no se podrá divorciar de ella en todos sus días» (Deuteronomio 22, 13-19).

LA PROFANACIÓN DE PUREZAS

El que impurifica una ofrenda, por ejemplo, haciendo tocar ofrendas del sacerdote con el cadáver de un animal impuro, denominado *sheretz,* tornándolo prohibido para ser comido (Rashi).[53]

Mezclar una ofrenda con producto mundano es el daño que se produce al prójimo mezclándole frutas comunes con frutas de ofrenda –*terumá*–. Pues ahora todas esas frutas no pueden ser comidas por personas que no sean sacerdotes, ya que hay mezcladas frutas consagradas, de ofrenda –*terumá*–, y deberán ser vendidas a sacerdotes por un precio bajo (Rashi).

Y dedicar vino de su prójimo para idolatría impide que se pueda tener provecho de ese vino, ya que está prohibido *(ibid.).*

Los tipos de daños relativos a la impurificación de una ofrenda, mezclar una ofrenda con producto mundano y dedicar vino de su prójimo para idolatría, se aprenden de lo que está escrito: «Y el hombre que atacare la vida de un animal, pagará vida por vida» (Levítico 24, 18) (Rashi, en su comentario al Talmud, tratado de Baba Kama 4b). Y como dijimos anteriormente, el animal alude a las posesiones de una persona, o sea, su dinero. Es decir, se aprende que el hombre que provocó un daño a una posesión de su prójimo debe pagarle el valor de lo dañado (véase Najmánides a Levítico 24, 18).

---

53. Está escrito: «Y éste es para vosotros el animal impuro entre los animales que se desplazan sobre la tierra –denominados *sheretz*–: la comadreja, el ratón y el hurón, según su especie [...]» (Levítico 11, 19-20). Y a continuación se mencionan los modos de impurificar de los cadáveres de estos seres vivientes.

VII. LOS PRECEPTOS ACTIVOS

En este capítulo observaremos un asunto relevante que se menciona en el Talmud a continuación del enunciado de los siete preceptos de Noé. Pues se enseña: «Fueron considerados los preceptos que requieren sentarse y no hacer –es decir, los preceptos pasivos–, pero los preceptos que requieren levantarse y hacer –es decir, los preceptos activos– no fueron considerados».

Entonces se objeta en el Talmud: «¡Pero el precepto de los juicios requiere levantarse y hacer; y se lo consideró –entre los siete preceptos–!».Se responde: «Se lo consideró porque requiere levantarse y hacer –el juicio–, y sentarse y no hacer –en lo que respecta a no pervertir el juicio–» (Talmud, tratado de Sanhedrín 58b 59a).[54]

LAS VEINTE PRIMERAS GENERACIONES

Resulta, pues, que no fueron enunciados los preceptos activos (a menos que estén incluidos con preceptos pasivos en un mismo precepto, tal como se dijo). ¿Y cuáles son los preceptos activos? Para esclarecerlo, observaremos importantes enseñanzas

---

54. Véase Levítico 19, 35; Rashi en su explicación a Sanhedrín 59a.

de los sabios y datos históricos relevantes, además de enseñanzas transcendentales del Midrash.

En el tratado de Avot se enseñó: «Con diez pronunciaciones fue creado el mundo,[55] ¿y qué se aprende de esto? ¿Acaso no podría haber sido creado con una sola pronunciación? –No fue creado de este modo– sino para cobrarse de los malvados que arruinan el mundo que fue creado con diez pronunciaciones; y para otorgar un buen pago a los justos, que mantienen al mundo que fue creado con diez pronunciaciones» (tratado de Avot 5, 1).

Apreciamos que se habla de castigo por obrar mal y recompensa por obrar bien, y a continuación se enseñó: «Hubo diez generaciones desde Adán hasta Noé, para informar qué gran tolerancia hay ante él; pues todas las generaciones lo encolerizaban, y seguían haciéndolo, hasta que trajo sobre ellos las aguas del Diluvio. Hubo diez generaciones desde Noé hasta Abraham, para informar qué gran tolerancia hay ante él, pues todas las generaciones lo encolerizaban, y seguían haciéndolo, hasta que llegó Abraham y recibió el pago de todos» (tratado de Avot 5, 2).

LA GENERACIÓN DEL DILUVIO

Respecto a las generaciones que encolerizaban a Dios hasta que trajo sobre ellos las aguas del Diluvio, se declara en el Pentateuco: «Y la tierra se corrompió delante de Dios; y la tierra se había llenado de hurto. Y Dios observó la tierra y he aquí que estaba

---

55. Se refiere a las diez pronunciaciones mencionadas al comienzo del Génesis, como está escrito: «En el comienzo creó Dios a los Cielos y a la Tierra [...]. Y dijo Dios: "¡Sea luz!" Y fue luz [...]. Y dijo Dios: "Haya expansión en medio de las aguas". [...] Y dijo Dios: "Reúnanse las aguas que están debajo de los Cielos en un lugar" [...]» (Génesis 1, 1-24).

corrompida, ya que toda la carne había corrompido su camino sobre la tierra. Dios le dijo a Noé: "El fin de toda carne ha venido ante mí; porque la tierra está llena de hurto por causa de ellos; y he aquí que los destruiré con la tierra. Haz para ti un arca [...]"» (Génesis 6, 5-16).

A continuación, se describe el Diluvio universal y el fenecimiento de todo ser vivo que había sobre la faz de la tierra, como está escrito: «Y hubo diluvio sobre la tierra cuarenta días; y las aguas aumentaron y levantaron el arca, y se elevó por encima de la tierra. Y las aguas se fortificaron y aumentaron en gran manera sobre la tierra, y el arca flotaba sobre la superficie de las aguas. Y las aguas se fortificaron mucho, mucho, sobre la tierra, y todas las montañas altas que estaban bajo todos los Cielos fueron cubiertas. Las aguas crecieron quince codos hacia arriba, y se cubrieron las montañas. Y feneció toda carne que se mueve sobre la tierra, de las aves, de los animales domesticables, de los animales salvajes y de todos los seres que reptan sobre la tierra y toda persona. Todo lo que tenía aliento de espíritu de vida en sus fosas nasales de todo lo que había en la tierra murió. Y se disolvió todo lo que había sobre la faz de la tierra, desde el hombre hasta el animal, hasta el reptil y hasta el ave de los Cielos, y fueron borrados de la tierra; y quedó únicamente Noé y los que estaban con él en el arca» (Génesis 7, 17-24).

LA ENSEÑANZA DE LA RECOMPENSA

Se aprende de aquí un asunto esencial: si la corrupción, el hurto y la maldad condujeron a la humanidad a un castigo tan grave, ¡cuán grande sería la recompensa que recibirían si hubieran cumplido esos preceptos que se realizan obrando bien!

Y más adelante se narra lo ocurrido con las personas que vivieron después en el mundo, las cuales en vez de tomar la

lección y actuar con bondad y honradez, siguieron encoleri-
zando a Dios, hasta que llegó Abraham y recibió el pago de
todos. Pues buscó a Dios, e hizo mucha bondad cumpliendo
preceptos activos y orientando a las personas a obrar bondado-
samente, además de reconocer al único Dios.

LA HISTORIA DEL GRAN MAESTRO

En los versículos que describen la historia de Abraham, hallamos un dato relevante, como está escrito: «Y vivió Teraj setenta
años, y engendró a Abram,[56] Najor y Harán» (Génesis 11, 26).
Y más adelante: «Y el Eterno dijo a Abram: "Vete de tu tierra,
de tu parentela y de la casa de tu padre a la tierra que te mos-
traré. Y haré de ti una gran nación; te bendeciré y engrandeceré
tu nombre, y serás bendición"» (Génesis 12, 1-2).

Ésta es la primera vez que se menciona la revelación de Dios
a Abraham, y se observa que Dios no se le presentó a través
de una visión, como ocurrió con Moisés, por ejemplo, que le
habló desde la zarza[57] (Or Hajaim).

EL DESCUBRIMIENTO DE DIOS

Se aprende que Abraham sabía reconocer a Dios, pues estaba al
tanto de que es espiritual. Y eso se debía a una gran investiga-
ción que había realizado, tal como se menciona en el Midrash:

---

56. Antes de llamarse Abraham, se llamaba Abram, hasta que Dios le dijo que
se agregaba una letra a su nombre, como está escrito: «Tu nombre ya no será
Abram, sino que Abraham será tu nombre, pues te he puesto por padre –ab–
de una multitud de naciones» (Génesis 17, 5).

57. Como está escrito: el Eterno vio que se había apartado para observar; y lo
llamó Dios del interior de la zarza [...]» (Éxodo 3:4).

cuando el patriarca Abraham nació, se levantó una estrella del este y engulló cuatro estrellas de los cuatro flancos de los Cielos. Los sabios de Nimrod le dijeron:

—En esta hora le ha nacido un hijo a Teraj, y de él en el futuro surgirá una nación que heredará este mundo y el mundo venidero. Si estás de acuerdo, sea dado a su padre el lleno de su casa de plata y oro y matémoslo.

Inmediatamente, Nimrod envió por su padre. Le dijo:

—Ayer te nació un hijo, ahora dámelo y matémoslo, y te daré el lleno de tu casa de plata y oro.

Teraj le dijo:

—Te pondré una parábola para enseñarte a qué se asemeja el asunto. Se asemeja a un caballo al que le dijeron: «Te cortaremos la cabeza y te daremos una casa llena de cebada». Y el caballo les respondió: «Tontos, si me cortáis la cabeza, ¿quién comerá la cebada?». Y vosotros, si matáis a mi hijo, ¿quién heredará la plata y el oro?

El rey le respondió:

—De tus palabras entiendo que te ha nacido un hijo.

Teraj le dijo:

—Me ha nacido un hijo y murió.

Nimrod le dijo:

—Yo hablo acerca del vivo, y no acerca del muerto.

¿Qué hizo Teraj? Escondió a su hijo en una cueva durante tres años. El Santo, bendito sea, le dispuso dos aberturas, que de una salía aceite y de la segunda salía sémola. Cuando tenía tres años salió de la cueva y meditó en su corazón: ¿Quién creó los Cielos y la Tierra y a mí? Oró todo el día al Sol, y al atardecer el Sol se puso por el oeste e irradió la Luna por el este. Cuando vio la Luna y las estrellas alrededor de ella, dijo: «Éste es quien creó los Cielos y la Tierra y a mí, y esas estrellas son sus ministros y sus siervos». Estuvo de pie orando durante toda la noche a la Luna. En la mañana, la Luna se puso por el oeste y el Sol irradió por el este. Dijo: «Éstos no tienen poder, hay un amo sobre ellos. A él oraré y a él me prosternaré» (Rabeino Bejaie en su explicación a Génesis 15, 7).

LA ESTANCIA EN CANAÁN

Después se manifiesta en el Pentateuco: «Abram moró en la tierra de Canaán, en tanto que Lot habitó en las ciudades de la planicie; y fue disponiendo sus tiendas hasta Sodoma. Y los hombres de Sodoma eran malvados y pecadores contra el Eterno en gran manera» (Génesis 13, 12-13).

Posteriormente se narra la ordenanza impartida por Dios a Abraham de circuncidarse y circuncidar a todos los de su casa, y después de que cumpliera con la ordenanza, se declara la gran bondad de Abraham, como está escrito: «El Eterno se le reveló en la planicie de Mamré estando él sentado en la entrada de la tienda, con el calor del día. Levantó sus ojos y observó, y he aquí que había tres hombres de pie frente a él; él los vio y corrió hacia ellos desde la entrada de la tienda, y se postró sobre el suelo. Y dijo: "Señores míos, si he hallado gracia en tus ojos, te ruego que no pases de tu siervo. Que se traiga ahora un poco de agua y lavad vuestros pies; y recostaos debajo del árbol. Iré a buscar un bocado de pan y saciaréis vuestros corazones; después continuaréis, pues por eso habéis pasado por –el sitio donde reside– vuestro sirviente". Ellos dijeron: "Haz como dices, tal como has dicho"» (Génesis 18, 1-5).

A continuación, se describe la diligencia de Abraham para atender a los huéspedes, como está escrito: «Y Abraham se apresuró a la tienda, a Sara, y dijo: «¡Pronto! ¡Tres medidas de harina, de sémola! ¡Amásalas y haz tortas!». Y corrió Abraham al ganado vacuno, tomó un becerro, tierno y bueno, y se lo dio al joven, y éste se dio prisa a prepararlo. Y tomó mantequilla y leche y el becerro que había hecho, y puso delante de ellos; y él estuvo con ellos, debajo del árbol, y ellos comieron» (Génesis 18, 6-9).

LA DESPEDIDA DE LOS HUÉSPEDES

Después se cuenta que Abraham quería hacer algo más por sus invitados, acompañarlos para despedirlos. Además, se menciona una nueva revelación de Dios, como está escrito: «Y los hombres se levantaron de allí, y observaron hacia Sodoma; y Abraham iba con ellos para acompañarlos.

Y dijo el Eterno: "¿Acaso encubro yo a Abraham lo que he de hacer? Y ciertamente Abraham se convertirá en una nación grande y poderosa, y todas las naciones del mundo se bendecirán en él. Porque yo sé que ordenará a sus hijos, y a su casa después de él, que guarden el camino del Eterno, haciendo justicia y juicio, para que el Eterno haga venir sobre Abraham lo que le había hablado". Y dijo el Eterno: "El clamor contra Sodoma y Gomorra ha aumentado, y el pecado de ellos, pues, se ha agravado mucho. Descenderé ahora y veré si actúan según el clamor que ha venido a mí, los destruiré, y si no, lo sabré". Y los hombres se apartaron de allí y se dirigieron a Sodoma; y Abraham permanecía de pie ante el Eterno» (Génesis 18, 16-22).

LA MALDAD DE LOS MORADORES DE SODOMA

En el Talmud se describe la maldad de los sodomitas: ponían sus ojos sobre los hombres adinerados, y cuando encontraban uno, lo hacían sentar junto a una pared tambaleante y la desplazaban sobre él, y venían y tomaban su dinero.[58]

Asimismo, ponían sus ojos sobre los hombres adinerados, y depositaban en manos de ellos un fruto de *afarsemon* —es un fruto que emite un aroma muy intenso y se percibe a la distancia—. Y los adinerados lo guardaban en sus depósitos —para cuidarlo apropiadamente—. Y durante la noche venían y lo olían como un perro,[59] y minaban allí y tomaban ese dinero —que estaba guardado en el depósito.[60]

LAS LEYES DE SODOMA

Los sodomitas decían: quien tiene un toro pastoree —los animales de toda la ciudad durante— un día, y quien que no tiene toro pastoree —los animales de toda la ciudad durante— dos días.

Había entre ellos un huérfano hijo de una viuda, y le dieron toros para pastorear. Él fue, los tomó y los degolló. Les dijo —a los dueños de los toros:

—Quien tiene un toro reciba un cuero, y quien que no tiene toros reciba dos cueros.

Le dijeron:

—¿Qué es eso?

Les dijo:

58. Raba lo enseñó a partir del versículo que manifiesta: «¿Hasta cuándo tramaréis contra un hombre, queriéndolo asesinar, siendo todos vosotros cual pared tambaleante, cual cerca desplazada?» (Salmos 62, 4).

59. Como está dicho: «Volverán en la noche, pareciéndose como perros, y rodearán la ciudad» (Salmos 59, 7).

60. Raba lo enseñó a partir del versículo que manifiesta: «En la noche socavaban las casas y en el día se encerraban —para robar sin ser vistos—; no conocían la luz» (Job 24, 16). Véase Rashi y Metzudat David.

—El final de la ley es como el comienzo de la ley: así como –la ley de Sodoma es que– quien tiene un toro pastoree un día, y quien no tiene toro pastoree dos días, también el final de la ley –es así–: quien tiene un toro reciba un cuero, y quien que no tiene toros reciba dos cueros.

Otra ley perversa de los sodomitas era ésta: aquel que cruzaba –el río por– el puente pagaba una moneda, y aquel que no pasaba por el puente –sino a pie o nadando– pagaba dos monedas.

Cuando uno de los habitantes fabricaba ladrillos, venían y se llevaban uno cada uno. Y –cuando el dueño de los ladrillos reclamaba– cada uno le decía: «¡Yo sólo tomé uno!». (¿Acaso me demandarás por un ladrillo?).

Cuando uno tenía ajo o cebolla –extendidos para procesarlos y guardarlos–, venían y se llevaban uno cada uno. Y cada uno le decía –al dueño–: «¡Yo sólo tomé uno!».

Así despojaban completamente a las personas y no les podían reclamar, pues si bien lo que les quitaban era mucho, el valor de lo que le robó cada individuo no era imputable, ya que no alcanzaba el valor mínimo denominado *perutá* (véase Iad Rama).

LOS MAGISTRADOS

También los propios jueces de ese lugar eran corruptos y malvados. En Sodoma había cuatro jueces: Shakrai, Shakrurai, Zaife y Matzle Dina.[61]

Cuando un hombre había golpeado a la mujer de su prójimo y le hizo perder el embarazo, –los jueces– decían –al esposo de la mujer:

---

61. Son denominaciones que indican mentira, engaño, falsedad y torcedura del juicio.

—Entrega a tu mujer al golpeador –y que se acueste con ella–[62] hasta que quede preñada de él para ti –y te la reintegre tal como estaba.[63]

Cuando un hombre le cortaba la oreja al burro de su prójimo –los jueces–, decían –al dueño del burro–:

—Entrégale el burro hasta que le crezca una oreja nueva.

Cuando un hombre hería a su prójimo –los jueces–, decían –al que había sido herido–:

—Págale por haberte extraído sangre.

Cuando un hombre –que venía de otro lugar–[64] cruzaba el río por el puente debía abonar cuatro monedas, y aquel que lo hacía a nado debía pagar ocho monedas.

En una ocasión, visitó el lugar un lavandero que no era oriundo de allí –y cruzó nadando–. Entonces le dijeron:

—Paga cuatro monedas.

El lavandero les comunicó:

—Pero yo crucé por el agua.

Le dijeron:

—En ese caso paga ocho monedas, pues has pasado por el agua.

El hombre se negó a pagar y los guardias lo golpearon hasta que le salió sangre. Fue ante el juez y éste le dijo:

—Págale por haberte extraído sangre, y otras ocho monedas por haber pasado por el agua.

---

62. Rashi.
63. Embarazada.
64. Rashash.

LA VISITA DE ELIEZER

Aconteció que Eliezer, el siervo del patriarca Abraham, fue allí, y –los sodomitas– lo golpearon. Fue ante el juez y éste le dijo:

—Págale por haberte extraído sangre, y otras ocho monedas por haber pasado por el agua.

Entonces, Eliezer tomó una piedra y lastimó al juez.

El juez le dijo:

—¿Qué es eso?

Eliezer le respondió:

—Lo que me tienes que pagar a mí por haberte extraído sangre, entrégaselo a quien me extrajo sangre a mí y mi dinero que quede como está.

EL ARDID CONTRA LOS POBRES

Cuando un pobre venía a Sodoma, cada uno le entregaba una moneda –denominada– dinar, y su nombre[65] estaba escrito en la moneda. Pero no le daban pan –para que muriera de hambre–. Cuando moría, cada uno venía y tomaba la suya –la moneda que le había dado, en la cual estaba escrito su nombre.

EL CONVENIO DE LAS FIESTAS

Los sodomitas habían convenido que todo el que llevara un invitado a una celebración, le fuese tomada su ropa.

Una vez había allí una celebración, y Eliezer, siervo de Abraham, llegó a ese lugar y no le dieron pan. Cuando se disponían

---

65. El nombre del que le había dado la moneda.

a comenzar a comer, Eliezer fue y se sentó al final de los invitados. Le dijeron:

—¿Quién te ha invitado aquí?

Y le respondió a ese que estaba junto a él:

—Tú me has invitado.

El hombre dijo:

—Quizá los presentes oyeran que yo lo he invitado y tomen la ropa de este hombre.[66]

Y ya que el que estaba sentado junto a él temía –que lo despojaran de su vestimenta–, tomó su ropa, y huyó fuera.

Y así hizo Eliezer con todos –pues todos actuaban de la misma manera–, hasta que todos salieron, y él comió la comida.

LA JOVEN PIADOSA

Había allí una joven que sacaba pan a un pobre en una vasija –cuando salía a extraer agua, para que no la descubrieran los habitantes del lugar–. Pero el asunto fue descubierto. Entonces los sodomitas la untaron con miel y la pusieron en la cima de la muralla. Vinieron las abejas y la devoraron[67] (Talmud, tratado de Sanhedrín 109a y b).

---

66. Así se refirió a él mismo.

67. A esto se refiere lo que está escrito: «Y dijo el Eterno: "El clamor contra Sodoma y Gomorra ha aumentado, y el pecado de ellos, pues, se ha agravado mucho"» (Génesis 18, 20). La expresión «mucho» está escrita a través de la locución *raba*, y puede leerse también *riba*, que significa «joven». Resulta, pues, que alude a la joven que fue asesinada cruelmente por los sodomitas (Talmud, tratado de Sanhedrín 109b; Mefarshei Hatalmud).

LA BONDAD DE ABRAHAM

Aunque los moradores de Sodoma eran tan malos, Abraham intentó interceder ante Dios por ellos, como está escrito: «Abraham se aproximó y dijo: "¿Acaso has de destruir también al justo con el malvado? Tal vez hay cincuenta justos en la ciudad, ¿acaso destruirás también y no perdonarás al lugar por los cincuenta justos que estén en su interior? Apartado sea de ti obrar así, matar al justo junto con el malvado, siendo entonces el justo como el malvado. ¡Apartado sea de ti! ¿Acaso el juez de toda la tierra no hará justicia?". El Eterno dijo: "Si hallare en Sodoma cincuenta justos dentro de la ciudad, perdonaré a todo este lugar por ellos". Abraham respondió y dijo: "He aquí ahora que he comenzado a hablar a mi Señor, aunque soy polvo y ceniza. Tal vez faltaran de cincuenta justos cinco; ¿acaso destruirás toda la ciudad por esos cinco?". Y –Dios– dijo: "No destruiré si hallare allí cuarenta y cinco". Y Abraham volvió a hablarle a él, y dijo: "¿Tal vez se encuentren cuarenta?". Y –Dios– dijo: "No lo haré por los cuarenta". Y dijo: "No se enoje ahora mi Señor, si hablare: tal vez se hallaran allí treinta". Y –Dios– dijo: "No lo haré si encuentro treinta". Y –Abraham– dijo: "He aquí ahora que he comenzado a hablar a mi Señor: quizá se hallaran allí veinte". Y –Dios– dijo: "No destruiré por los veinte". Y –Abraham– dijo: "No se enoje ahora mi Señor, si hablare solamente una vez más, quizá se hallaran allí diez". Y –Dios– dijo: "No destruiré por los diez". Y cuando terminó de hablar con Abraham, el Eterno se fue, y Abraham volvió a su lugar» (Génesis 18, 24-33).

EL ENUNCIADO DE MAIMÓNIDES

Se aprecia que Abraham era una persona bondadosa, fiel a Dios, y que cumplía con los preceptos en forma óptima. Y no sólo los 7 preceptos pasivos, sino también activos, como escudriñar y buscar a Dios y hacer bondad con el prójimo.

Y no se ocupaba de hacerlo sólo él, sino que enseñaba a las demás personas a seguir el camino de la verdad, como manifestó Maimónides: en los días de Enosh las personas cometieron un grave error, se entorpeció el consejo de los sabios de esa generación y el propio Enosh era de los que cometían ese error.[68] Y éste era su error: decían, ya que Dios creó a estas estrellas y cuerpos celestes para conducir el mundo y los dispuso en las alturas celestiales, y les dio honor y ellos son sirvientes que sirven ante él, es apropiado alabarlos y ensalzarlos y darles honor. Y ésa es la voluntad de Dios, bendito sea, engrandecer y honrar a quien engrandeció y honró. Tal como un rey desea honrar a los que están ante él, y ése es el honor del rey.

Ya que esa idea ascendió a sus corazones comenzaron a edificar palacios a las estrellas y a ofrecerles sacrificios, y a alabarlas y ensalzarlas con palabras y a prosternarse ante ellas para hallar la voluntad del Creador, según la mala aprehensión de ellos. Y ése era el principio fundamental del culto a las estrellas –avodat kojavim–. Y así decían los adoradores que conocían su fundamento, y no que ellos decían que no hay Dios sino esa estrella. A esto se refiere lo que dijo Jeremías: «¿Quién no te temerá, Rey de las naciones? Porque a ti es debido el temor; porque entre todos los sabios de las naciones y en todos sus reinos, no hay semejante a ti. Y en una cosa se entorpecerán y entontecerán; es

---

68. Ese asunto está indicado en el versículo que manifiesta: «Y a Shet, también a él le nació un hijo, y llamó su nombre Enosh; entonces se comenzó –ujal– a llamar en nombre del Eterno» (Génesis 4, 26). La expresión ujal es -un lenguaje que indica comienzo y también- profanación. Ya que comenzaron a llamar a los nombres de las personas y a los nombres de los ídolos por el Nombre del Eterno, para convertirlos en dioses y llamarlos divinidad (Rashi). Es decir, comenzaron a profanar el Nombre del Eterno llamando a las personas y a los ídolos con su Nombre (véase Gur Arie).

adoctrinamiento vano –un objeto– de madera» (Jeremías 10, 7-8). Es decir, todos saben que tú sólo eres Dios, pero su error y su tontería es que les parece que esa vanidad es tu voluntad.

Después, cuando se prolongaron los días, se levantaron entre las personas falsos profetas y dijeron que Dios les ordenó y dijo adoraran a tal estrella, o a todas las estrellas, y ofrecedle sacrificio y libaciones así y así, y edificadle templo, y haced su imagen para que se prosternen a ella todos los del pueblo, mujeres, niños y todos los demás. Y les informaba de la imagen que él mismo imaginó, y decía: «Ésta es la imagen de la estrella zutana», que le hicieron conocer a través de profecía.

Así pues, comenzaron a hacer imágenes en templos, y debajo de los árboles, y en las cimas de los montes y sobre las colinas. Y se reunían y prosternaban a ellas, y decían a todo el pueblo que esa imagen hace bien y mal, y es propicio adorarla y temer de ella. Y los sacerdotes les decían que con esa adoración se multiplicarían y prosperarían. Y haced así y así, y no hagáis así y así.

Asimismo, otros engañadores se levantaron y comenzaron a decir que la estrella misma o el cuerpo celeste, o el ángel, habló con ellos y les dijo: «Adoradme con esto y con esto». Y les informaba el modo de su adoración, y les decía: «Haced esto y no hagáis esto».

Y el asunto se expandió por todo el mundo, de adorar a las imágenes mediante diversos modos de adoración, unos diferentes a los otros, y a ofrecerles sacrificios y a prosternarse a ellas.

EL AVANCE DEL TIEMPO

Cuando se prolongaron los días, fue olvidado el Dios honorable y temible de todos los moradores del mundo, y del pensamiento de ellos, y no lo conocieron. Y todo el pueblo –hombres–, mujeres y niños, no conocían más que a esa imagen de madera o de piedra, y al templo de piedras; ya que desde su infancia fueron instruidos para prosternarse a ella, y a adorarla, y a jurar en su nombre.

Y los sabios que había entre ellos, como los sacerdotes o sus semejantes, hacían creer que no hay allí Dios, sino las estrellas y los cuerpos celestes, y que esas imágenes fueron hechas en su nombre y a semejanza de ellos.

Pero al Hacedor de los mundos no había hombres que lo conocieran ni supieran de él, sino solamente unos pocos, como Janoj, Matusalén, Noé, Shem, y Eber. Y de ese modo, el mundo seguía girando hasta que nació el pilar del mundo, el patriarca Abraham.

LA GRAN INVESTIGACIÓN

Cuando este valiente creció, comenzó a reflexionar en su mente, y siendo pequeño pensaba día y noche. Y se sorprendía cómo era posible que el mundo se condujera siempre por su curso y no tuviera un conductor ni quien lo hiciera girar. Pues es imposible que se haga girar a sí mismo. Y no tenía un maestro ni quien le hiciera saber el asunto, sino que estaba sumergido en Ur Kasdim, entre los idólatras embobecidos. Y su padre y su madre y todo el pueblo adoraban a las estrellas y él adoraba con ellos.

Sin embargo, Abraham meditaba en su corazón y percibía, hasta que aprehendió el camino de la verdad y comprendió la línea de la rectitud con su entendimiento correcto. Y supo que hay un único Dios y él conduce el mundo, y él creó todo y no hay en todo lo existente ningún dios fuera de él. Y supo que todos los moradores del mundo estaban equivocados, y lo que les provocó errar fue adorar a las estrellas y a las imágenes, hasta que se perdió la verdad del conocimiento de ellos. Y siendo de cuarenta años reconoció a su Creador –en forma completa.

EL INICIO DEL ORADOR

Una vez que reconoció y supo, comenzó a dar respuestas a los moradores de Ur Kasdim y a establecer juicio con ellos, diciendo: «Ese camino que seguís no es el camino de la verdad». Y quebró las imágenes y comenzó a hacer saber al pueblo que no es apropiado adorar sino al Dios del universo, y ante él es propicio prosternarse y ofrecer ofrendas y libaciones, para que lo conozcan todos los seres humanos que vendrán. Y es apropiado destruir y quebrar todas las imágenes para que no yerren con ellas todos los del pueblo, como esos que creen que no hay más que esos dioses.

LA DIFUSIÓN DE DIOS

Debido a que se fortificó sobre ellos con sus pruebas, el rey quiso matarlo, y le fue hecho un milagro y fue a Jarán. Y comenzó a ponerse de pie y proclamar a viva voz a todo el mundo y a informarles que hay un único Dios de todo el mundo, y a él es propicio adorar. E iba y proclamaba y reunía al pueblo, de ciudad en ciudad y de imperio en imperio, hasta que llegó a la tierra de Canaán, y proclamaba, como está dicho: «Y proclamó allí en el Nombre del Eterno, Dios del mundo» (Génesis 21, 33).

Y debido a que las personas del pueblo se reunían con él y le preguntaban por sus asuntos, él informaba a cada uno según su capacidad de comprensión, hasta que lo hacía volver al camino

de la verdad. Y –la popularidad de Abraham aumentó mucho–
hasta que se reunieron con él millares y decenas de miles, y
ellos son los de la Casa de Abraham.

E implantó en sus corazones este fundamento esencial, y
compiló libros con él, y lo hizo saber a su hijo Isaac. E Isaac se
sentaba, enseñaba y advertía. E Isaac lo hizo saber a Jacob y lo
designó para que enseñara, y se sentaba a enseñar y fortificaba
a todos los que se unían a él (Maimónides: leyes de idolatría
1, 1-3).

LA REVELACIÓN DEL MIDRASH

En el Midrash se enseña lo mencionado por Maimónides en
forma ampliada: Teraj vendía imágenes de idolatría. Cierta vez
fue a otro sitio y dejó a Abraham en su lugar para que se ocu-
para de las ventas.

Cuando una persona venía a comprar, Abraham le decía:
«¿Cuántos años tienes?». Y la persona le respondía: «Tengo
cincuenta años». O, sesenta años. Entonces Abraham le decía: «¡Ay de ese hombre que tiene sesenta años y quiere prosternarse ante una imagen que tiene un solo día!». Entonces
el hombre se avergonzaba y se iba (Midrash Bereshit Raba
38, 13).

EL EJERCICIO DE LA BONDAD

Además, Abraham hacía mucha bondad con las demás personas, como está escrito: «Y plantó un *eshel* en Beer Sheva y proclamó allí en el Nombre del Eterno, Dios del mundo» (Génesis
21, 33).

Eshel era un huerto que Abraham plantó para traer frutas a los invitados.[69] Asimismo, fue enseñado que *eshel* era el denominativo de una tienda que dispuso Abraham para recibir invitados.[70] Y traía allí comida y bebida, y después, acompañaba a los invitados –cuando se retiraban.

Y está escrito que: «Proclamó allí en el Nombre del Eterno, Dios del mundo», porque a través de ese *eshel,* el Nombre del Santo, bendito sea, era invocado por todo el mundo. Pues después de comer y beber se levantaban para bendecir a Abraham y éste les decía: «¿Acaso habéis comido de lo mío? De lo del Dios del mundo habéis comido». Entonces alababan, y ensalzaban y bendecían a aquel que pronunció y el mundo existió[71] (Talmud, tratado de Sota 10b).

LA BENDICIÓN POR LA COMIDA

En el Midrash Tanjuma aparecen detalles trascendentales acerca de cómo procedía: sembraba caridad y daba de comer a los que iban y venían, como está escrito: «Y plantó un *eshel* en Beer Sheva y proclamó allí en el Nombre del Eterno, Dios del mundo» (Génesis 21, 33). Después de que les hubiera dado de comer y de beber lo bendecían. Y él les decía:

—¿A mí me bendecís? Bendecid al dueño de casa que da a todas las criaturas comida y bebida y les da espíritu.

Y le preguntaban:
—¿Dónde está?
Y él les decía:

---

69. Rashi, y véase Talmud, tratado de Sota 10a.
70. Rashi, y véase Talmud, tratado de Sota 10b.
71. Como fue enseñado, que el mundo fue creado por Dios a través de la palabra (véase Avot 5, 1).

—Ejerce domino en el Cielo y en la Tierra, hace morir y hace vivir, oprime y sana, forma el feto en el vientre de su madre y lo hace salir a la luz del mundo, hace crecer las hierbas y los árboles, hace descender al Seol y hace ascender.

Ya que escuchaban eso preguntaban:

—¿Cómo hemos de bendecirlo?

Y le consideraban bondad. Y les decía:

—Decid: «Bendito el Eterno, que es bendecido por la eternidad. Bendito el que otorga pan y alimento a toda –criatura de– carne».

Y les enseñaba bendiciones y a hacer bondad (Midrash Tanjuma Lej Leja XII).

LA INCLUSIÓN DE PRECEPTOS ACTIVOS

Hemos visto que entre los preceptos que cumplía Abraham estaban el de escudriñar y buscar a Dios y hacer bondad y caridad con el prójimo.

¿Y de dónde se aprende que esos preceptos fueron prescritos para los descendientes de Noé? El rabino Nisín Gaón lo dilucida: todos los preceptos que dependen de deducción lógica y entendimiento del corazón, todos están obligados –a respetarlos– desde el día en que el Santo, bendito sea, creó al hombre sobre la tierra –estando ordenados– sobre él y su descendencia posterior para siempre, por las generaciones.

Y los preceptos que se conocen por tradición a través de las palabras de los profetas, Dios no se abstuvo de ordenar a los ancestros lo que era apropiado conforme a su sabiduría. Pero hallamos que a Adán se le ordenó cumplir algunos de esos preceptos, tal como dijeron los sabios: a los descendientes de Noé les fueron ordenados 7 preceptos: juicios, maldecir a Dios, idolatría, mantener relaciones prohibidas, derramar

sangre, robar, comer partes de un animal mientras está vivo
–arrancar una parte y comer– (Talmud, tratado de Sanhedrín
56a). Y dijeron: ¿de dónde se sabe? Dijo rabí Iojanán: como
está escrito: «Y el Eterno Dios ordenó al hombre, diciendo:
"Ciertamente comerás de todo árbol del jardín"» […] (Génesis 2, 16). Y rabí Janina, hijo de Gamliel, agregó sangre de
un ser vivo. Y rabí Jidka agregó la castración. Y rabí Shimon
también las brujerías. Y rabí Yosei todo lo que fue mencionado en la sección que se refiere a las brujerías. Y rabí Eleazar
también mezclar animales y mezclar árboles, tal como consta
en forma explícita en el Talmud. Y siguieron agregando hasta
que la cuenta de los preceptos que fueron recibidos por tradición ascendió a veintiocho, y hubo quienes dijeron que los
preceptos que les fueron ordenados antes de la entrega de la
Torá eran treinta. Y aunque los preceptos se aprenden de una
cita bíblica, como está escrito: «Y el Eterno Dios ordenó al
hombre […]», no todos se recibieron por tradición, porque el
precepto de conocer al Santo, bendito sea, y escuchar su voz y
servirle se captan a través del entendimiento. Y derramar sangre inocente y robo están prohibidos por aprehensión mental
(introducción al Talmud, de Rabino Nisín Gaón).

LAS FUENTES DE LA SABIDURÍA Y LA BONDAD

Hemos visto a partir de esta enseñanza que los preceptos que
dependen de la deducción lógica y el entendimiento, todos están obligados a respetarlos. Por lo tanto, aquí se encuentra la
base del precepto que cumplía y enseñaba Abraham, escudriñar
y buscar a Dios. Y también se encuentra indicado lo relativo a
las obras de bondad que él hacía y enseñaba ese camino a los
demás, como fue enseñado: la regla de hacer actos de bondad
es –algo que está directamente asociado con– la existencia del

mundo, como está escrito: «La bondad edifica el mundo» (Salmos 98, 2). Y ésa es la obligación de la persona, y ése ha de ser su modo de comportarse –tzura–. Y por eso está escrito en el comienzo de la creación, acerca del nacimiento de las primeras dos personas: «Y volvió a dar a luz a su hermano, a Abel; y Abel fue pastor de ovejas y Caín trabajador de la tierra» (Génesis 4, 2). La declaración: «a su hermano», es una aparente redundancia. Y hemos explicado en el libro *Haemek Davar,* que viene a enseñar que es de los detalles del modo de comportarse del hombre, y lo que lo diferencia del modo de comportarse de todos los demás entes creados, que es la hermandad que predomina entre las personas.

Y Caín se comportó así al comienzo y sustentó con el trabajo de la tierra de él a su hermano Abel, que no era trabajador de la tierra. Y por eso, también las personas de las naciones del mundo fueron ordenadas acerca de los actos de bondad. Y la razón por la cual el sabio talmudista no lo contabiliza en el tratado de Sanhedrín con los preceptos que fueron ordenados a las personas de los pueblos del mundo está explicado allí, en el Talmud, en el folio 58b, donde consta que los preceptos activos no fueron considerados. Y lo mismo ocurre con la opinión de los legisladores que sostienen que las personas de las naciones del mundo fueron ordenadas respecto a la reproducción y la multiplicación, tal como hemos escrito, con la ayuda de los Cielos, en *Haemek Sheela* (apartado 165, 2). Y por eso las personas de Sodoma se vieron obligadas a ser exterminadas, porque no sostuvieron la mano del pobre y el necesitado y arruinaron el modo de comportarse de la persona (rabino Naftali Tzvi Iehuda Berlin, en la carta de aval que escribió al libro *Ahabat Jesed,* escrito por el erudito Israel Meir Cohen, autor del libro *Jafetz Jaim).*

VIII. LA RECOMPENSA DE LOS PRECEPTOS ACTIVOS

En este capítulo veremos acerca de la recompensa por el cumplimiento de preceptos activos.

En el Génesis hallamos este suceso ocurrido después de salir Noé y toda su familia del arca, después del Diluvio universal: «Y Noé fue un hombre que comenzó a trabajar la tierra y plantó una viña. Y bebió del vino y se embriagó, y se descubrió en el interior de su tienda. Jam, padre de Canaán, vio la desnudez de su padre y se lo dijo a sus dos hermanos que se hallaban fuera. Y tomó Shem, y Iefet, la vestimenta, y la pusieron sobre el hombro de ambos, y caminaron de espaldas, y cubrieron la desnudez de su padre, con el rostro de ellos hacia atrás, y no vieron la desnudez de su padre. Y Noé despertó de su embriaguez, y supo lo que le había hecho su hijo menor. Y dijo: "Maldito sea Canaán; siervo de siervos será para sus hermanos". Y dijo: "Bendito el Eterno, Dios de Shem; y sea Canaán siervo de ellos. Expanda Dios a Iefet, y more en las tiendas de Shem; y sea Canaán siervo de ellos"» (Génesis 9, 20-27).

Se observa que los dos hijos de Noé, Shem y Iefet, conocían normas de ética moral y honor hacia el padre. E incluso sabían cómo honrarlo aun estando en estado inconsciente, tal como revelan los versículos, que no vieron su desnudez, sino que caminaron de espaldas, hacia atrás, y lo cubrieron. También se aprecia que el que tomó la iniciativa fue Shem. Y de la bendición impartida por Noé a su hijo Shem, se aprecia que él fue el que actuó más correctamente que sus dos hermanos, pues si no, es difícil de entender el privilegio de la bendición con que lo bendijo incluso por sobre Iefet, que ayudó a Shem. Asimismo, se aprecia que Canaán sabía que había actuado mal, pues si no, es difícil de entender la gravedad de la maldición con que lo maldijo.

Se desprende de aquí que había conocimiento del precepto de honrar al padre. Y es uno de los preceptos mencionados por el rabino Shmuel ben Jofni Gaón para los descendientes de Noé. Pues el rabino Shmuel ben Jofni Gaón también elaboró un listado de los 30 preceptos para los descendientes de Noé, sobre la base de lo mencionado en el Talmud (Julín 92a), aplicando un criterio diferente al que mencionamos anteriormente, e incluyó este precepto.

EL HIJO EDUCADO

Ahora bien, el precepto de honrar a los padres es un precepto activo. Y en el Talmud se enseña lo relativo a la recompensa por el cumplimiento de un precepto de esas características. Tal como fue enseñado: preguntaron a Rab Hula:

—¿Hasta dónde llega el precepto de honrar al padre y a la madre?

Y les dijo:

—Salid y ved lo que hizo un gentil en Ashkelon, cuyo nombre es Dama, hijo de Netina. Una vez, los sabios necesitaban adquirir cierta mercancía por la que pagaban seiscientas mil –monedas de oro–. Y la llave –del depósito donde se hallaba la mercancía solicitada– estaba bajo la almohada –en la que estaba apoyada la cabeza– de su padre –que en esos momentos estaba durmiendo–. Y no lo molestó –pese a la fortuna que podía ganar con esa transacción.

A continuación, se narra en el Talmud un suceso relacionado: dijo Rab Iehuda en nombre de Shmuel: una vez preguntaron a rabí Eliezer:

—¿Hasta dónde llega el precepto de honrar al padre y a la madre?

Y les dijo:

—Salid y ved lo que hizo un gentil en Ashkelon, cuyo nombre es Dama hijo de Netina. Una vez, los sabios necesitaban adquirir piedras para el Efod –el implemento que se hallaba en el pectoral del sumo sacerdote– por las cuales pagaban seiscientas mil –monedas de oro–. Y Rab Kahana dijo que ofrecieron ochocientas mil –monedas de oro–. Y la llave –del depósito donde se hallaban las piedras preciosas– estaba bajo la almohada –en la que estaba apoyada la cabeza– de su padre. Y no lo molestó –es decir, no lo despertó.

Al año siguiente, el Santo, bendito sea, le dio su recompensa, ya que le nació una vaca roja en su ganado. Los sabios vinieron para comprársela, y les dijo:

—Yo sé que si os pido todo el dinero del mundo, me lo daréis, pero no pretendo más que lo que perdí por honrar a mi padre.

Y dijo rabí Janina:

—Si con alguien que no fue ordenado fue así, con quien fue ordenado cuanto más y más (Talmud, tratado de Kidushim 31a).

LA GRAN RECOMPENSA

Se aprecia que, aunque el precepto de honrar al padre y la madre no es de los 7 preceptos que les fueron ordenados a los descendientes de Noé, no obstante, por cumplirlo, le fue otorgada una gran recompensa. ¿Y podría suponerse que con los demás preceptos también?

Maimónides enseñó: a un descendiente de Noé que quiere realizar un precepto de los demás preceptos de la Torá para recibir recompensa, no se le impide realizarlo conforme a la ley[72] (Maimónides, leyes de Reyes 10, 11).

Se observa que las posibilidades que el Eterno ha dado a todas las personas para acercarse a él son muchas y muy amplias. Pues ha encomendado preceptos específicos para todos los seres humanos y les ha dado la oportunidad de crecer espiritualmente y desarrollarse y, además, obtener numerosos beneficios. Todo depende de la voluntad, del deseo de la persona de un unirse a él, siguiendo su palabra y poniéndola en práctica.

---

72. Sin embargo, Radba"z es riguroso con preceptos que requieren purificación especial, como la *mezuzá* y las filacterias.

APÉNDICE

INSTRUCCIÓN SOBRE LA IDOLATRÍA

Maimónides mencionó que Abraham destruyó las imágenes de culto idólatra. En el Midrash se cuenta en forma amplia y detallada cómo lo hizo, y se menciona la técnica utilizada por él, no imponiéndose por la fuerza, sino haciendo reflexionar a las personas para que descubran ellas mismas la verdad y se alejen de las prácticas erróneas y de las vanidades.

Dijeron acerca del patriarca Abraham que cuando su padre le dio las cajas de imágenes para que las vendiera en la feria, vino un hombre y le dijo:

—Abraham, ¿tienes un dios para vender?

—¿Qué dios quieres comprar?

—Yo soy fuerte, dame un dios fuerte como yo –solicitó el hombre.

Abraham tomó una imagen que estaba encima de todas las demás y le dijo:

—Toma éste para ti.

—¿Acaso este dios es fuerte como yo? –preguntó el interesado.

—¡Uy! ¿Aún no conoces el juicio de los dioses? Y ahora, ¿qué quieres de ellos? –le dijo Abraham–. ¡Qué tonto eres! Si este dios no fuera más fuerte que todos, no podría estar encima de todos los demás.

Pero no quiero hablar nada contigo hasta que me entregues el dinero.

Inmediatamente le entregó el dinero, y Abraham le entregó ese dios.

Cuando se despedía para irse, Abraham le dijo:

—¿Cuántos años tienes?

—Yo tengo setenta años.

—Ese dios que has adquirido, ¿tú te prosternas ante él o él se prosterna ante ti? –le preguntó Abraham.

—Yo me prosterno ante él.

—He aquí que tú eres más grande que tu dios, pues tú has sido creado hace setenta años, ¿y cómo te prosternas a este dios que fue hecho hoy con el martillo?

Inmediatamente devolvió ese dios y lo arrojó a la caja de Abraham y volvió a tomar el dinero de Abraham y se fue.

LA VISITA DE LA SEÑORA POBRE

Después vino una mujer viuda y le dijo a Abraham:

—Yo soy una mujer pobre y viuda, dame un dios pobre como yo.

Enseguida Abraham tomó una imagen que estaba debajo de todas las demás y dijo a la mujer:

—Con tu pobreza, toma para ti este dios.

—Este dios es duro y yo no puedo con él, ya que soy pobre y no tengo medios para mantenerlo –dijo la mujer.

—¡Qué tonta eres! Si no fuera el más humilde de todos, no estaría abajo, debajo de todos los demás.

Y no quiere moverse de su lugar hasta que me entregues el dinero.

Inmediatamente le entregó el dinero y tomó la imagen.

Cuando se despedía para irse, a Abraham le dijo:

—¿Cuántos años tienes?

—Yo tengo muchos años.

—¡Se hinche el espíritu de esa mujer! Tú que has sido creada hace muchos años, ¿cómo te prosternarás ante este dios que fue hecho ayer por mi padre con el martillo?

Inmediatamente devolvió ese dios a la caja de Abraham y volvió a tomar su dinero y se fue.

LA DEVOLUCIÓN DE LAS IMÁGENES

Entonces, Abraham tomó todos los dioses y los llevó a su padre Teraj.

Entonces, sus demás hijos le dijeron:

—Este Abraham no puede vender dioses. Vamos, ¡hagámoslo sacerdote!

—¿Cuál es la función de un sacerdote? –les preguntó Abraham.

—Limpia ante ellos, coloca agua ante ellos, les da de comer, les da de beber y dispone ante ellos comida y bebida.

Enseguida Abraham tomó y puso ante ellos comida y bebida y les dijo:

—Tomad y comed, y tomad y bebed, para que sepan, para que hagan bien a las personas, porque he puesto ante vosotros comida y bebida.

Y no había entre ellos siquiera uno solo que tomara algo para comer y beber. Inmediatamente Abraham abrió –la boca– y dijo:

«Tienen boca, y no hablan; ojos, y no ven; orejas, y no oyen; manos, y no palpan; pies, y no andan» (Salmos 115, 5-7).[73]

¿Qué hizo Abraham? Tomó el palo y los quebró a todos, los arrojó a una hoguera y fue y se sentó sobre ellos.

Entretanto vino Nimrod y halló a Abraham que había hecho eso. Y le dijo:

—¿Tú eres Abraham, el hijo de Teraj?

—¡Sí! –respondió Abraham inmediatamente.

—¿Acaso no sabes que yo soy el amo de todos los hechos, y que el Sol, la Luna y las estrellas salen y se ocultan según mi voluntad? ¿Por qué destruiste mi temor –las imágenes–?

En ese momento el Santo, bendito sea, dio entendimiento a Abraham, y respondió a Nimrod:

—Desde que fue creado el mundo hasta el día de hoy, el Sol sale por el este y se pone por el oeste. Si eres el amo de todo, como dices, ordénale que mañana salga por el oeste y se ponga por el este. Entonces divulgaré que eres el amo del mundo.

Además le dijo:

—Y si tú eres el amo de todos los hechos, seguramente las cosas ocultas son reveladas para ti. Siendo así, dime en qué estoy pensando ahora y qué haré en el futuro.

En ese instante el rey se tomó la barba y se asombraba.

Entonces Abraham dijo:

—No te asombres tanto. No eres el amo de todas las cosas, sino el hijo de Kush. Pues si tú fueras el amo de todo, habrías salvado a tu padre de la muerte.

Así como no salvaste a tu progenitor del sepulcro, tampoco tú te salvarás.

Inmediatamente el rey Nimrod mandó llamar a Teraj y le comunicó:

---

73. Cuando David compiló el libro de los Salmos consideró lo que dijo Abraham (Talmud, tratado de Baba Batra 15a).

—Tu hijo destruyó mis dioses, corresponde que se la aplique la pena capital, deberá ser arrojado al fuego.

Después de comunicar esta sentencia, el rey se volvió hacia Abraham, y le dijo:

—Prostérnate ante el fuego y te salvarás.

—Siendo así, debería prosternarme ante el agua, pues apaga el fuego -propuso Abraham.

Nimrod estuvo de acuerdo y le dijo:

—¡Prostérnate ante el agua!

—Siendo así, debería prosternarme a las nubes, que están cargadas de agua.

Nimrod aceptó también esto y dijo:

—¡Prostérnate ante las nubes!

Abraham volvió a hablar y dijo:

—Debería mejor prosternarme ante el viento que esparce las nubes.

Nimrod le dijo:

—¡Hazlo! ¡Prostérnate al viento!

Abraham habló nuevamente y dijo:

—Debería prosternarme ante un ser humano, pues soporta el viento.

Nimrod determinó:

—Yo me prosterno ante el fuego y a él te arrojaré, y que venga tu Dios y te salve.

ABRAHAM ES ARROJADO A LA HOGUERA

Los hombres del rey construyeron una enorme hoguera ardiente y arrojaron a Abraham en medio del fuego. Pero no sucedió lo que todos esperaban, pues las poderosas llamas no afectaron a Abraham en absoluto. Entonces, el rey, al ver que no sufría ningún daño, le ordenó que saliera (Tana Dbei Eliahu Zuta 25:8).

Las personas comenzaron a prosternarse ante Abraham, pero éste les dijo:

—Prosternaos ante mi Dios, que me salvó; rendid honores a aquel que os ha creado.

El hijo de Teraj gozaba de grandes honores. Los ministros del rey le traían presentes y hasta el propio Nimrod dio a Abraham un valioso regalo, le obsequió a su hijo Eliezer para que fuera su esclavo.

Después de estos hechos, mucha gente reconoció que el Eterno salvó a Abraham y le traían a sus niños para que les enseñara a comportarse según su camino.

Además, muchos servidores del rey Nimrod, como unos trescientos hombres, se unieron a Abraham. También Teraj desde ese día creyó en el Eterno y abandonó todas sus inclinaciones idólatras (Sefer Haiashar).

LOS PRECEPTOS MENCIONADOS POR RABÍ SHMUEL BEN JOFNI

Anteriormente mencionamos un listado de los 30 preceptos de los descendientes de Noé elaborado por rabí Shmuel ben Jofni.

Este listado en su mayor parte coincide con el listado elaborado por rabí Menajem Azaria de Pano que aparece en el libro *Asara Maamarot,* aunque hay algunas diferencias, ya que rabí Shmuel ben Jofni, considerando otros criterios, también incluyó preceptos activos.

Éstos son los preceptos que constan en el libro *Pirush al Hatora,* escrito por rabí Shmuel ben Jofni, que coinciden con los preceptos mencionados por rabí Menajem Azaria de Pano en el libro *Asara Maamarot:* idolatría, maldecir el Nombre –del Eterno–, derramamiento de sangre, prohibición de un hombre de estar con un hombre, castrar, –comer de– un animal muerto –por sí solo–, un miembro de un animal vivo, sangre de un animal vivo, realizar mixturas con animales, robo, pasar por fuego, presagios, magia, agorería, hechicería, encantaciones, Ov, Idoni, y consultar a los muertos.

Además, en su listado aparecen estos preceptos: unicidad del Nombre –del Eterno–, orar, jurar en falso, suicidio, unirse a una mujer casada, casarse mediante una dote –a que través de eso sea designada para él– y quede prohibida para otro hombre, –casarse con la– hermana, allegarse a animales, presentar ofrendas con animales puros y honrar padre y madre.[74]

Éstas son las fuentes bíblicas de las cuales se aprenden esos preceptos:

Unicidad del Nombre –del Eterno–: «Y el Eterno Dios ordenó al hombre […]» (Génesis 2, 16).

Orar: «Y ahora, devuelve la mujer del hombre, porque es profeta, y orará por ti y vivirás; y si no la devuelves, sabe que ciertamente morirás, tú y todo lo que tienes» (Génesis 20, 7).

Jurar falsamente: «Y ahora, júrame aquí por Dios que no me engañarás a mí, ni a mi hijo ni a mi nieto; tal como la bondad que he hecho contigo, tú harás conmigo y con la tierra en la que has morado» (Génesis 21, 23).

Suicidio: «Pero vuestra sangre por vuestras vidas reclamaré» (Génesis 9, 5).

Unirse a una mujer casada: «Y vino Dios a Abimelej en un sueño nocturno, y le dijo: "He aquí que morirás a causa de la mujer que has tomado, y ella es una mujer casada"» (Génesis 20, 3).

Casarse mediante una dote –que a través de eso sea designada para él– y quede prohibida para otro hombre: «Aumen-

---

74. Véase *Enciclopedia Talmudit,* Nispaj Leerej: Ben Noaj.

tad mucho la dote –*mohar*–[75] y regalos sobre mí, y os daré según me digáis; y dadme a la joven por mujer» (Génesis 34, 12).

Hermana: «Di por favor que tú eres mi hermana, para que me vaya bien por ti, y mi alma viva por ti» (Génesis 12, 13).

Allegarse a animales: «Por lo tanto, el hombre dejará a su padre y a su madre, y se apegará a su mujer, y serán una sola carne» (Génesis 2, 24). Se apegará a su mujer, y no a animales domesticables ni a animales salvajes.

Presentar ofrendas con animales puros: «Y construyó Noé un altar para el Eterno, y tomó de todo animal puro y de toda ave pura, y ofreció ofrendas ígneas sobre el altar» (Génesis 8, 20).

Honrar padre y madre: «Jam, padre de Canaán, vio la desnudez de su padre y lo dijo a sus dos hermanos que se hallaban fuera. Y tomó Shem, y Iefet, la vestimenta, y la pusieron sobre el hombro de ambos, y caminaron de espaldas y cubrieron la desnudez de su padre, con el rostro de ellos hacia atrás, y no vieron la desnudez de su padre» (Génesis 9, 22-23).

LA MENCIÓN DE RABÍ SAADIA GAÓN

Además, rabí Saadia Gaón mencionó estos preceptos: ofrendas, diezmo, casamiento de levirato.[76]

Ésta es la fuente bíblica:

Ofrendas: «Y Abel, también él trajo de los primogénitos de su rebaño, y de los selectos de ellos. Y el Eterno atendió a Abel y su ofrenda» (Génesis 4, 4-5).

---

75. Según la explicación de Rashi, la palabra hebrea *mohar,* que aparece en esta cita, se refiere a un documento matrimonial.

76. *Enciclopedia Talmudit. Ibid.*

Diezmo: «Y lo bendijo y dijo: "Bendito es Abram para Dios, el Supremo, Amo de los Cielos y de la Tierra. Y bendito Dios, el Supremo, que entregó a tus enemigos en tu mano"; y le dio el diezmo de todo» (Génesis 14, 19-20). Y también está escrito: «Entonces, esta piedra que coloqué por pilar será la casa de Dios y todo lo que me dieres, lo diezmaré para ti» (Génesis 28, 22).

Casamiento de levirato: «Entonces Iehuda dijo a Onán: "Llégate a la mujer de tu hermano y constituye con ella un matrimonio de levirato, y levanta descendencia para tu hermano"» (Génesis 38, 8).

ÍNDICE

Rabí Aharón
Shlezinger

3.ª edición

Enigmas
y misterios
del Talmud
y la Cábala

EDICIONES OBELISCO

Cuando el mar es observado desde la superficie, por ejemplo desde la cubierta de un barco, no se aprecia qué hay en su interior. En la mayoría de las ocasiones, se contemplará únicamente agua. Sin embargo, si penetrásemos en su seno, avanzando hacia el interior de las profundidades oceánicas, se abrirá ante nuestros ojos un fascinante y maravilloso mundo submarino. Una fuente de vida oculta que encierra enigmas y misterios jamás soñados ni imaginados. Misterios tan imponentes que toda nuestra vida resultaría insuficiente para conocerlos en su totalidad. Esto mismo acontece con las enseñanzas del Talmud y la Cábala, que encierran misterios y enigmas intrínsecos, cuya existencia la mayoría de las personas desconoce. En este libro, el autor nos transporta a la profundidad de los mares de conocimiento que fluyen del Talmud y la Cábala, llevándonos a conocer muchos de esos misterios.

Sitré Otiot es un profundo estudio cabalístico que se encuentra en el Zohar acerca de los misterios de las cuatro letras del Tetragrama. En él se revelan enseñanzas maravillosas vinculadas con la energía cósmica que emana de estas letras, y la proyección de la misma hacia lo bajo, a través de los diversos grados y niveles que se concatenan desde lo Alto.

En los Sitré Otiot se explican en forma profunda los misterios de las emanaciones cósmicas denominadas sefirot, los Carruajes supremos e inferiores, los entes cósmicos, y los ángeles celestiales. También se mencionan y explican los secretos de los Nombres de El Santo, Bendito Sea, que captan y transmiten la energía suprema, y Sus sobrenombres, todos están vinculados con el misterio de las letras del Tetragrama.

El hecho de escoger o llevar un nombre es un verdadero arte, un arte sutil y complejo. Los sabios de Israel nos enseñan que el nombre es una característica esencial en la identidad del ser humano, pues está enraizado en las sublimes esferas espirituales, y atrae la energía suprema de lo Alto. Esta energía se proyecta sobre la persona, y para captarla de forma apropiada es necesario conocer los secretos del nombre, su origen, el valor numérico, qué versículo está asociado íntimamente al nombre de cada persona, los componentes elementales que lo integran y los atributos sensoriales.

En este libro, el rabino Aharón Shlezinger nos propone un amplio listado de nombres, masculinos y femeninos, y nos enseña su significado, su valor intrínseco, su valor numerológico (guematria), su vínculo con los cuatro elementos y también su fuente bíblica.